팔리는 상품 끌리는 브랜드

새로운 시장을 만드는 25가지 이노베이션의 법칙

팔리는 상품
끌리는 브랜드

김동헌 지음

BUSINESS INNOVATION

매일경제신문사

성장 동력, 이노베이션, 창의성…

저성장의 계곡에서 힘들어하는 우리나라 기업들이 가장 절실하게 필요로 하는 것들이다. 그런데 사실 어제오늘의 일이 아니다. 매년 초, CEO들의 신년사에서 이 세 단어가 빠지는 법은 없다. 하지만 현장에서는 상황이 매우 다르다. '창의성을 발휘하라'는 말을 들으면 사업을 책임지고 있는 임원은 물론 마케팅 등 실무를 진행하는 팀장과 사원들까지 난감해한다. 어디서부터 어떻게 시작해야 할지 감조차 잡을 수 없기 때문이다.

그러면 어떻게 해야 할까?

가장 먼저 다양한 이노베이션의 사례들을 살펴봐야 한다. '혁신은 본 만큼 이룬다'는 말이 있다. 혁신적인 아이디어는 상상력에 힘입어 머릿속에서 생겨나는 것이 아니라, 개인의 직·간접적인 체험을 바탕으로 하기 때문이다. 따라서 다양한 사례를 통해 최대한 시야를 확대하고 다양한 관점을 유지하는 태도가 필요하다.

다음으로 사례의 시사점을 일반화해 다른 상황에도 적용할 수 있는 보편적인 법칙을 파악해야 한다. 내용에 대한 단순한 이해를 넘어서서, 사례 속의 핵심 아이디어가 도출될 수 있었던 원리를 깨닫는 과정이다.

마지막으로, 찾아낸 법칙들을 자신의 상황에 적용함으로써 실제로 아이디어를 만들어 내야 한다. 사업 성장에 필요한 매력적인 기회를 찾기 위해 탐색적 질문을 하고, 이 질문에 대한 답을 제시하는 법칙을 찾아서 적용하는 과정이다. 그래서 이 책은 다음과 같이 구성돼 있다.

- 64가지 사례를 분석해 25가지 이노베이션의 법칙 도출
- 비즈니스 맵을 통해 성장 기회를 위한 13가지 탐색적 질문 도출
- 13가지 탐색적 질문과 25가지 이노베이션의 법칙 연결

또한 기업 성장을 위한 5가지 영역을 모두 다룸으로써, 어떤 기회도 놓치지 않고 찾아낼 수 있도록 구성했다.

- 새로운 시장·고객(법칙 1~법칙 5)
- 새로운 고객 니즈(법칙 6~법칙 11)
- 새로운 제품·서비스(법칙 12~법칙 18)
- 새로운 트렌드(법칙 19~법칙 20)
- 새로운 전략 수단(법칙 21~법칙 25)

자, 이제는 여러분들이 처한 현실을 객관적으로 바라볼 때다. 이 광대한 비즈니스의 세계에서 여러분이 찾는 보물섬은 어디에 있을까? 보물섬! 듣기만 해도 가슴이 뛰는, 신나는 말이다. 하지만 그것을 찾아가는 여정은 어렵고도 위험한 도전의 길이다. 따라서 믿음직스러운 안내자와 함께 해야 한다. 정확한 지도와 나침반을 가지고, 지도를 읽을 수 있는 능력인 독도법을 숙지해야 하는 이유이다. 이 책은 비즈니스 맵(지도), 탐색을 위한 질문(나침반) 그리고 이노베이션의 법칙(독도법)을 통해 여러분의 길에 든든한 동반자가 될 것이다.

하지만 도구가 있다고 해서 탐험이 쉬워지는 것은 아니다. 사막을 건너고, 눈 덮인 산을 넘는 여정은 그 자체가 고통스럽다. 고통을 이겨낼 수 있는 힘은 튼튼한 체력과 정신력에서 나온다. 평소에 꾸준히 훈련해야 하는 이유다. 이노베이션 과정에 적용하면, 계속해서 두뇌를 단련해야 한다는 답이 나온다. 뇌세포에 새로운 연결회로를 만들고, 그 길을 익숙하게 만드는 작업이다. 이는 실제와 유사한 상황에서 실전 같은 훈련을 함으로써 가능해진다. 이노베이션을 위한 여러 법칙과 현장의 실제 사례들을 담은 이 책은 그 과정에도 유용하게 활용될 수 있을 것이다.

이제 기대감과 용기를 가지고 탐험을 시작해 보자! 이 책을 통해 여러분들이 필요로 하는 새로운 사업 기회를 실제로 발견해 내길 빈다.

김 동 헌

CONTENTS
팔리는 상품 끌리는 브랜드

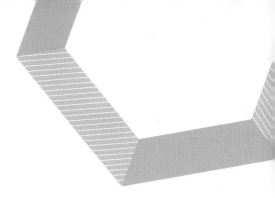

THE 25 LAWS OF
BUSINESS INNOVATION

CONTENTS
팔리는 상품 끌리는 브랜드

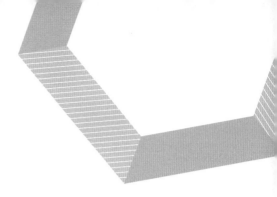

THE 25 LAWS OF
BUSINESS INNOVATION

고정관념을 버려라! 제품과 서비스의 본질을
정확히 파악하면 새로운 시장과 고객이 보인다

사고습관의
법칙

THE

01ST

LAW OF
BUSINESS INNOVATION

신제품의 성공 확률은 15% 정도에 지나지 않는다. 이렇게 실패할 위험이 높은 신제품 개발에 투자하지 않고도 시장을 확대할 수 있다면? 아마 비용 대비 가장 효율적인 성장이 이루어질 것이다. 이를 위한 한 가지 방법은 제품이나 서비스의 본질을 정확히 파악하는 것이다. 본질은 제품에 붙은 수식어나 고정관념을 내려놓을 때 비로소 제대로 드러난다. 정확하고 맑은 렌즈로 바라봐야만 신대륙을 발견할 수 있는 것이다.

그리고 이 방법은 아직 자신의 제품을 가지고 있지 않을 때도 적용 가능하다. 타사 제품의 본질을 파악해. 자신의 새로운 사업으로 삼으면 되는 것이다. 멋지지 않은가?

우리는 평소에 관습적으로 해오던 생각이나 행동을 별다른 의심 없이 받아들인다. 일상적으로 소비하는 제품의 기능이나 모양에 대해서도 마찬가지다. 예를 들어, 양말은 오른쪽과 왼쪽이 같아야 하고, 냉장고는 음식을 차게 보관하는 것이기 때문에 부엌에 있어야 한다는 식이다. 이런 고정관념은 익숙할 뿐만 아니라 일일이 따져 묻는 수고를 덜어 주므로 편리한 면도 있다. 하지만 기업의 입장에서 봤을 때, 고정관념은 매우 큰 기회손실을 불러온다. 제품이나 서비스를 판매할 수 있는 시장이나 고객의 범위를 너무 좁게 제한해 버리기 때문이다.

그런데 고정관념이 만들어지는 데는 다 이유가 있다. 사용되는 장소나 시간, 용도 등이 제품이나 서비스의 이름에 이미 내포돼 적용범위를 제한시키기 때문이다. 즉 수식어가 제품의 이름이나 콘셉트에 포함돼 제품의 기능적 본질을 왜곡하거나 축소시키는 것이다. 예를 들어 냉장고冷藏庫라는 이름에는 이미 '(음식을) 차게 보관하는 곳'이라는 제품의 기능이 내포돼 있다. 때문에 사람들은 이

기계를 부엌에서 음식을 차게 보관하는 용도라고 규정해 버린다. 그런데 냉장고가 거실에 놓인다면 어떻게 될까? 혹은 화장실, 차 안, 바비큐 파티를 하는 정원은 어떤가?

이렇게 고정관념의 범주에서 벗어나면 제품이나 서비스도 무한 대로 바꿀 수 있다. 새로운 시장과 고객이 보이기 때문이다. 따라서 비즈니스 이노베이션Business Innovation을 원한다면, 제품의 기능으로부터 기존의 고정된 수식어들을 분리해 그 본질을 정확히 파악하는 것이 우선이다. 별도의 투자가 필요하지 않은, 가장 쉬운 방법이기도 하다.

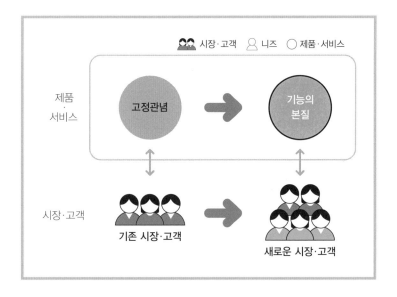

예를 들어보자. 렌터카 하면 가장 먼저 떠오르는 키워드는 출장과 여행, 그리고 공항이다. 출장이나 여행을 갔을 때, 가장 먼저 해야 하는 것 중 하나가 공항에서 렌터카를 빌리는 일이기 때문이다. 그래서 대부분의 렌터카 회사들은 자신들의 부스를 공항에 집중적으로 두고 있다.

그런데 렌터카는 반드시 출장이나 여행을 갔을 때만 필요한 것일까? 가만히 생각해 보면 렌터카의 본질은 '차를 일시적으로 빌려 쓰는 것'이다. 즉 여행이나 출장을 갔을 때뿐만 아니라 차가 고장 나거나, 사고를 당했을 때 등 차를 일시적으로 빌려 써야 하는 상황은 얼마든지 있다.

엔터프라이즈 렌터카Enterprise Rent-A-Car는 바로 이 시장을 주목했다. 그리고 그들은 공항이 아닌 주택가에 렌터카 부스를 만들고, 또 하나의 전략적 조치로 자동차 보험회사들과 파트너십을 체결했다. 그 목적은 주택가 시장에서의 영업 채널 확보를 위해서였는데, 차와 관련된 문제가 생겼을 때 고객들이 가장 먼저 찾는 업체가 바로 보험회사이기 때문이었다. 그 결과, 엔터프라이즈 렌터카는 오래지 않아 거대 기업인 허츠Hertz와 에이비스Avis를 제치고 시장점유율 1위를 차지했다. 서비스와 연계된 고정관념, 즉 출장이나 여행, 공항과 같은 비본질적 요소를 제거하고 서비스의 본질을 생각함으로써 새로운 시장을 발굴한 결과이다.

이들은 미국에서만 주택가에 5,400여 개, 공항에 420여 개의 사무소를 운영하고 있으며 매년 구매하는 신차의 수는 같은 기간 동안 미국 전역에서 판매되는 양 중 7%에 해당한다.

고정관념을 제거해 새로운 시장과 고객의 발견에 성공한 또 하나의 대표적인 예는 '네스프레소Nespresso'이다.

곱게 갈아 압축한 원두가루에 뜨거운 물을 고압으로 통과시켜 뽑아내는 에스프레소는 그 자체로도 맛이 훌륭하고, 아메리카노나 카페라떼 같은 다른 커피의 베이스로도 쓰이는 뛰어난 맛과 향을 가진 커피이다. 커피 전문점에서 에스프레소를 만들어 내는 기계는 부피가 아주 큰 데다가 독특한 모양을 하고 있어, 이 커피의 풍미를 더욱 강렬하게 느끼도록 만든다. 그런데 바로 이 기계 때문에 사람들은 에스프레소를 으레 커피 전문점에서 마시는 것으로 생각한다. 하지만 꼭 그런 것일까? 이렇게 맛있는 에스프레소를 집이나 사무실에서 만들어 편안히 마시고 싶은 사람도 많지 않을까?

세계 최대의 식품 기업인 네슬레Nestlé는 이런 질문을 스스로에게 던지고 그 해답을 찾아나갔다. 그리고 마침내 자신들이 직접 커피 머신을 만들고, 그 기계에 맞춰 쓸 수 있는 에스프레소 캡슐도 함께 판매하기 시작했다.

이렇게 '에스프레소를 커피 전문점에서뿐만 아니라 집이나 사무실에서도 마실 수 있게 하자!'는 생각에서 태어난 것이 바로 네스프레소이다. 이 기계를 사용하면 커피 전문점의 3분의 1 가격으로 에스프레소 커피를 즐길 수 있으며, 캡슐 종류도 16가지가 넘어 기분이나 취향에 따라 다른 맛과 향을 고를 수 있다.

이 기계는 네슬레의 또 다른 전략적 고민도 함께 해결해 줬다. 그들이 보유하고 있는 커피 브랜드인 '네스카페'는 전 세계 인스턴트커피 시장에서 가장 높은 시장점유율을 자랑하고 있다. 하지만 인스턴트커피 소비량은 전 세계 커피 소비량 중 30%에 지나지 않고, 나머지 70%는 R&G~Roast & Ground~ 커피가 차지하고 있다. R&G 커피를 원료로 하는 네스프레소는 네슬레에게 이런 엄청난 기회손실을 회복할 수 있는 길을 터준 셈이었다.

하지만 네스프레소에 대한 반응이 처음부터 좋았던 것은 아니다. 집에서 에스프레소를 만든다는 것에 대해, 고객들이 가진 생소함과 의구심은 쉽게 극복되지 않았다. 그래서 네슬레는 전 세계 주요 도시에 고객들이 무료시음을 할 수 있는 '네스프레소 부티크'를 개장했다. 그리고 고객들이 우아한 분위기에서, 친절한 설명과 함께 직접 기계를 사용해 볼 수 있는 기회를 제공함으로써 기존의 의구심을 해소하고 한 발 나아가 구매 욕구를 자극하는 데까지 성공했다.

인간이 공통적으로 가지는 니즈를 정확히 파악하면
매우 넓은 고객층을 얻을 수 있다

본성 추구의
법칙

미국 뉴욕에는 '어른들을 위한 유치원'이 생겨서 대단한 호황을
누리고 있다고 한다. 일견 엉뚱하게 보이지만 사실 무척이나
당연한 성공이다. 편안한 휴식과 따뜻한 보살핌은 남녀노소,
직업과 소득을 불문하고 누구나 필요로 하는 것이기 때문이다.
이와 같이 대부분의 사람이 가진 본성적 니즈를 파악하면
기존과는 확연히 다른 시장을 개척할 수 있다.

인간에게는 누구나 공통적으로 가지고 있는 보편적 니즈, 즉 본성적 니즈가 있다. 소득이나 나이, 직업을 초월해서 남녀노소 대부분의 사람들이 '공통적으로' 가지고 있는 니즈이다. 여기에는 우선 속도, 편리함, 위생, 경제성 등의 기능적 니즈가 있고, 포근함, 산뜻함, 신뢰와 같은 감성적 니즈도 존재한다.

이러한 니즈가 제품이나 서비스로 구현되면 매우 광범위한 고객 기반을 획득하게 된다. 즉 거의 모든 사람들을 고객으로 확보할 수 있다. 예를 들어 우리나라의 택배 서비스는 그 신속성과 편리함으로 인해 이제 전국 방방곡곡 남녀노소 모두가 쓰는 필수 서비스이며, 프라이드치킨은 한국인의 보편적 취향에 맞게 맛과 향을 조금씩 바꾸는 노력으로 전 국민이 즐겨 먹는 간식이 됐다.

이렇듯 보편적 니즈는 비즈니스의 관점에서 볼 때 매우 중요한 의미를 가지고 있다. 만약 인간의 보편적 니즈를 충족시키는 제품이나 서비스가 시장의 일부에서만 판매되고 있다면, 비슷한 제품이나 서비스를 판매할 수 있는 새로운 시장과 고객이 존재한다고 할 수 있기 때문이다. 기업에게 새로운 시장과 고객은 사업을 성장시킬 수 있는 아주 큰 기회이다. 그러니 어찌 중요하지 않을 수 있는가? 이렇듯 인간의 본성적 니즈를 정확히 이해하면 의외로 손쉽게 새로운 성장 기회를 만들 수 있다.

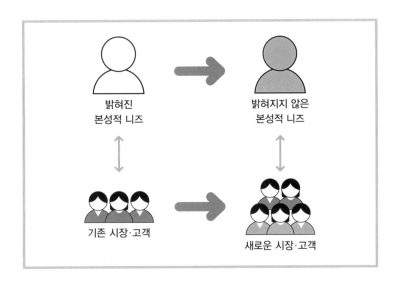

닌텐도Nintendo는 1980년대까지만 하더라도 전 세계 게임 산업에서 독보적인 위치를 차지하고 있었다. 미국과 일본 전체의 3가구 중 1가구가 닌텐도 게임기를 갖고 있을 정도였다. 그러나 1990년대 이후 게임 산업의 변화에 발 빠르게 대처하지 못한 닌텐도는 소니의 '플레이스테이션'과 마이크로소프트의 'XBOX 360'에 밀려 쇠락의 길을 걷기 시작했다.

위기 상황에 빠진 닌텐도를 구한 것은 스스로에게 제기한 질문이었다. "왜 이렇게 많은 사람들 가운데 극히 소수만이 게임을 즐길까? 게임이 가지고 있는 재미와 스릴, 목표 달성의 쾌감은 거의 모든 사람이 즐기는 보편적 감정이 아닌가?"

그리고 그들은 다음과 같은 사실을 간파했다. 소니와 마이크로소프트의 제품은 고사양 하드웨어를 필요로 하는 고해상도의 그래픽과 대서사시와 같은 웅장한 스토리를 경쟁력의 기반으로 하고 있었다. 그러나 이런 특성은 게임을 열광적으로 즐기지 않는 사람들에게는 너무 복잡하고 어려웠다. 이렇게 복잡한 게임을 즐기려면 먼저 게임의 구조와 기기의 작동법을 이해하기 위해 상당한 시간을 투자해야 하는데, 보통 사람들의 경우 그렇게까지 노력하지는 않았다. 이들에게 사실적인 그래픽과 깊이 있는 줄거리는 그리 중요한 요소가 아니었던 것이다.

닌텐도는 이러한 통찰을 바탕으로 규모 면에서 훨씬 더 큰 비중을 차지하고 있는 비매니아층을 새로운 고객으로 만들기로 결정했다. 즉 더 복잡하거나 현란한 게임이 아니라, 어려운 게임에서 소외됐던 사람들도 참여할 수 있도록 가능한 간단하고 직관적인 게임을 개발하기로 한 것이었다. 이렇게 탄생한 제품이 2004년에 출시된 '닌텐도 DS'와 2006년에 출시된 '닌텐도 Wii'다.

출시 당시 전문가들의 의견은 비관적이었지만, 결과는 닌텐도의 예상대로였다. 공전의 히트를 기록한 것이다. 제품의 성공에 힘입어 일본 주식 시장에서 닌텐도 주식의 시가총액은 토요타 자동차에 이어 전체 2위를 차지하는 기염을 토하기도 했다.

닌텐도 DS가 나온 해인 2004년, 우리나라의 게임 회사인 넥슨에서도 '카트라이더'라는 게임을 출시하고 큰 호응을 얻었다. 이 게임 역시 단순함을 매력으로 크게 성공한 예라고 볼 수 있다.

메트로폴리탄 오페라_{Metropolitan Opera}는 누구나 한번쯤 보고 싶어 하는 세계 최고의 공연이다. 하지만 1회에 2,000명씩 공연을 보더라도 미국의 성인 인구 1억 명이 모두 관람하기 위해서는 15년이 필요하다. 전 세계의 오페라 팬을 생각하면 수요와 공급의 격차는 더욱 커진다. 아무리 좋은 공연도 한 번에 한 장소에서만 공연할 수밖에 없다는 장소적 한계에 가로막혀 있는 것이다. 경영진 입장에서 보면 이것은 엄청나게 큰 기회손실이 아닐 수 없다.

자신들의 공연에 대한 많은 수요와 보편적 니즈가 있음에도 불구하고 매출로 연결할 수 없는 것이다. 그렇다면 어떻게 해야 미국뿐 아니라 전 세계에 있는 오페라 애호가들에게 이 공연을 보여줄 수 있을까?

2006년, 경영책임자로 부임한 피터 겔브Peter Gelb가 생각해 낸 것은 고화질·고음질의 메트로폴리탄 오페라 HD 라이브 프로그램Live in HD이었다. 한 편당 40명 이상의 전문가가 투입돼 공연 실황을 찍고, 전 세계 극장에서 상영하는 이 프로그램 덕분에 이제는 많은 사람들이 집 근처 극장에서 팝콘과 콜라를 먹으며 그들의 작품을 감상할 수 있게 됐다. 전 세계 70개국에서 상영되고 있는 이 프로그램은 2015년 기준, 메트로폴리탄 오페라 전체 매출액의 4분의 1 이상을 차지하고 있다.

태양의 서커스CIRQUE DU SOLEIL는 또 어떤가? 1984년, 캐나다 몬트리올 출신의 젊은 여성 무용가에 의해 단 10명의 단원으로 시작된 이 공연은 서커스에 대한 관객들의 인식을 완전히 바꿔 놓았다. 이들이 한 해에 벌어들이는 수익은 무려 10억 달러가 넘는다.

어둡고 소란스런 천막에 촌스러운 옷차림, 몇십 년째 변화가 없는 묘기, 동물들의 안쓰러운 몸짓 등은 전통적인 서커스가 시장에서 외면 받게 된 이유이다. 그에 비해 태양의 서커스는 다양한 테마를 표현하기 위해서 획일적이고 반복적인 요소들을 완전히 배제했다. 그리고 자신들만의 고유한 음악과 춤, 무대장치를 통해 지금까지 23개에 이르는 작품들을 각각 다른 예술적인 드라마로 승화시켰다. 이를 위해 태양의 서커스에는 50개국 이상에서 선발된 1,300여 명의 곡예사들이 참여하고 있다.

　기존 서커스의 주 고객이 어린이였다면, 태양의 서커스는 어린이를 동반한 가족들뿐만 아니라 사랑에 빠진 연인들, 그리고 고객을 접대하려는 기업들까지 자신들의 매력에 빠져들게 하고 있다. 그리고 이러한 고객층의 변화는 서커스 사업의 수익성 또한 획기적으로 향상시켜 줬는데, 연인들이나 기업 고객은 기존 고객들에 비해 훨씬 더 높은 가격도 기꺼이 지불하기 때문이다.

기존 고객의 특성을 반대로 추적하면
생각지 못한 새로운 고객을 발견할 수 있다

역행의
법칙

THE
03
RD

LAW OF
BUSINESS INNOVATION

'남들이 가지 않는 길을 가야 성공할 수 있다'는 말이 있다. 주로 획기적인 신제품을 개발해야 할 때 나오는 이야기다. 하지만 이 교훈은 새로운 시장을 발견하기 위해 노력할 때도 마찬가지로 적용된다. 남들의 타깃과는 정반대인 고객을 찾아보자! 전혀 생각지 못했던 새로운 고객들이 눈에 들어올 것이다. 그리고 새로운 시장을 찾았다면 곧장 관련 사업을 실행에 옮기자. 만일 당신이 지금 그 길을 가지 않으면, 지금 당신을 바라보고 있는 누군가가 먼저 기회를 선점할 것이다.

위기 속에는 언제나 기회도 함께 존재한다. 비즈니스 이노베이션이 필요한 기업이라면, 현재의 확실한 수익원에만 전적으로 집중하는 대신 미지의 고객 세그먼트Customer Segment로 시야를 넓혀야 한다. 시장은 언제나 불안정하기 때문에, 새로운 수요를 발굴해야만 계속적으로 성장 동력을 창출할 수 있다.

피터 드러커의 이론으로부터 시작해서 블루 오션 전략, 그리고 최근의 와해성 혁신Disruptive Innovation에 이르기까지 '비고객의 고객화'에 대한 논의는 꾸준히 이루어져 왔다. 즉, 현재 자사의 제품이나 서비스를 사용하지 않고 있는 사람들도 고객으로 확보해 보자는 노력이다. 그런데 문제는 '어떻게 회사에 필요한 비고객을 발견할 것인가'이다. 어떤 방향으로 탐색해야 고객으로 바꿀 수 있는 비고객을 찾아낼 수 있을까?

가장 쉽고 효과적인 방법은 기존 고객의 특성을 반대로 추적해나가는 것이다. 기업 고객과는 반대로 개인 고객, 고소득층 고객과는 반대로 저소득층 고객, 혹은 성인 고객이 아닌 청소년 고객

등…. 기존 고객과는 반대되는 성향을 지닌 새로운 고객을 찾아나가는 것이다. 이렇게 하면 막연히 비고객이라고 할 때보다 훨씬 더 효과적으로 새로운 고객을 발견할 수 있다.

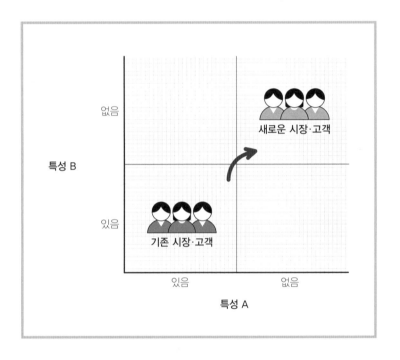

시멘트 사업은 건설 회사나 건축 자재상들을 주 고객으로 하는 전형적인 B2B 비즈니스이다. 그런데 멕시코의 시멘트 회사인 시멕스CEMEX는 이러한 상식과는 전혀 다르게, 소득이 낮은 농촌지역

의 최종 소비자를 대상으로 하는 새로운 시장을 발견했다.

시멕스는 농촌 지역의 잠재된 수요를 발굴하기 위해, 담당 직원들로 하여금 타깃으로 삼은 지역의 주민들과 1년여 동안 함께 숙식하게 하는 프로젝트를 진행했다. 그 결과, 이 지역의 저소득층 가장들은 손수 집을 지어서 자식에게 물려주는 것을 인생의 가장 중요한 목표로 여긴다는 사실을 알게 됐다. 문제는 이 시장의 고객들이 집을 지을 수 있을 만큼 충분한 돈을 마련하기 쉽지 않다는 것이었다. 가끔 목돈이 마련되더라도 가족의 결혼이나 부모님의 생신 등 급하게 돈을 써야 할 상황이 발생하곤 했다. 시멕스는 저소득층 가장들에게 금융지원을 하기로 결정했다. 그리고 이들의 빈약한 재정상황을 고려해 일정 금액을 납부하면 집을 지을 때 필요한 시멘트와 벽돌은 물론, 다른 모든 솔루션(건축 자재와 기술 등)도 함께 제공했다. 이것이 시멕스의 '파트리모니오 오이Patrimonio Hoy'란 프로젝트이다. 파트리모니오 오이란 멕시코 말로 '다음 세대에 영원한 가치를 전달한다'는 의미다.

이 프로젝트를 통해 지어진 주택은 자그마치 300만 호에 이른다. 그만큼 회사의 시멘트 매출이 늘어난 것은 당연하다. 그리고 시멕스는 이 프로젝트 덕분에 라파즈LAFARGE 등의 경쟁 기업보다 고객들의 브랜드 로열티Brand Royalty, 상표 충성도를 한껏 높일 수 있었다. 고객의 마음을 깊이 이해한 덕분이다.

시멕스는 또한 이 프로젝트를 통해 경기 변동에 따라 회사 매출이 민감하게 등락하는 위험을 크게 줄일 수 있었다. 기업 고객으로부터 발생하는 매출은 경기 민감도가 매우 높다. 그러나 최종 소비자로부터 나오는 매출의 경기 민감도는 기업 고객에 비해 20% 수준이기 때문이다.

한편, 누코Nucor는 미국의 자존심과도 같은 제철 회사이다. 한국과 일본 기업들에 밀려 미국의 제철산업이 사양화된 지금의 상황에도 사업을 계속 성장시켜 나가고 있기 때문이다. 누코는 또한 '미니밀Mini-mill 방식'을 대중화한 것으로도 유명하다. 철광석을 녹여 쇳물을 뽑아내는 용광로 방식과는 달리, 고철을 녹여서 쇳물을 만드는 전기로 방식이다. 그렇기 때문에 이 방식은 기존의 용광로 방식에 비해 품질은 다소 떨어지지만, 20%나 저렴한 비용으로 철을 생산할 수 있다. 그리고 이 방식은 고철의 가격이 특히 싼 미국이 절대적으로 강한 경쟁력을 가지고 있다.

누코는 세심한 분석 끝에 모든 고객들이 꼭 비싼 가격의 '아주 좋은' 제품을 원하는 것은 아니며, '적절한' 품질과 가격의 제품을 선호하는 고객들도 많다는 사실을 간파해 냈다. 이런 누코에게 미니밀 방식은 최적의 생산전략이었다. 또한 규모가 작기 때문에 시장 상황에 탄력적으로 대응해 다양한 제품을 소규모로 생산할 수 있다는 장점도 최대한으로 활용했다.

이렇듯 누코는 아무도 주목하지 않았던 하위제품시장_{Low End Market}에 집중해 경쟁력을 확보한 대표적인 성공사례이다. 이런 성과를 기반으로, 누코는 2014년에 우리나라의 포스코에 이어 '세계에서 가장 경쟁력 있는 철강사' 2위로 뽑히기도 했다.

장애 요인을 해결하면 간과했던 고객도
주요 수익원으로 만들 수 있다

챌린지의
법칙

THE 04 TH

LAW OF
BUSINESS INNOVATION

신대륙 발견과 전쟁에서의 극적인 승리는 대부분 불가능해 보이는 장애를 극복한 결과이다. 이것은 거의 모든 장애들이 정말로 극복할 수 없는 기술적 문제가 아니라 단순히 잘못된 인식으로 인한 장벽이라는 사실을 보여준다. 겨우 인식상의 장애로 중요한 사업 기회를 놓친다는 것은 너무나 큰 기회손실이 아닌가!

이 문제에 대한 해답을 찾기 위해서는 먼저 생각의 순서를 바꿔야 한다. 우선 기회를 먼저 생각하는 것이다. 그런 다음 장애를 해결할 수 있는 방안을 찾으면 된다.

필요한 제품이나 서비스가 있는데도 불구하고, 이를 구입하지 못하는 사람들이 있다. 소득이 충분하지 않거나 제품이나 서비스를 사용할 수 있는 사회 기반 시설이 갖춰져 있지 않은 경우이다. 한편 기업도 고객이 필요로 하는 제품이나 서비스를 제공하지 못할 때가 있다. 수익성이 충분하지 않거나 사기나 사고 등의 위험이 따르는 경우이다. 이와 같이 장애요인 때문에 제품이나 서비스를 제공하지 못하는 경우가 의외로 많다. 그런데 이 장애요인들은 대부분 극복 불가능한 것이 아니다. 오히려 실패할 것이라고 생각하고, 지레 두려워하며 도전조차 하지 않아 그대로 남아있는 경우가 더 많다.

이러한 현상은 인사이드아웃Inside-Out 방식의 사업 개발, 즉 기술이나 역량에서 출발해 새로운 사업 기회를 찾으려 할 때 두드러지게 나타난다. 사업의 앞길을 수많은 장애요인이 가로막고 있는 것처럼 느껴지기 때문이다. 하지만 사업 기회, 즉 고객이나 고객 니즈를 먼저 보는 아웃사이드인Outside-In 방식으로 사업을 전개해 나가면 얘기는 달라진다. 장애요인이 단순히 극복해야 할 과제의 하나로 바뀌는 것이다.

위짓뱅크WIZZIT Bank와 오스람OSRAM, 그리고 프로그레시브Progressive는 장애요인을 해결함으로써 그간 외면해 왔던 고객을 중요한 수익원으로 만드는 데 성공한 대표적인 예이다.

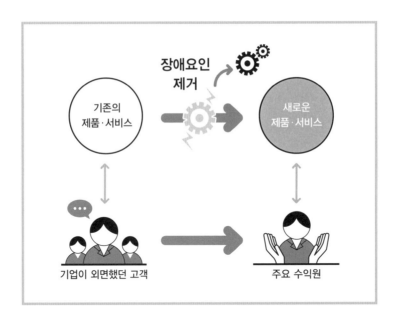

전 세계적으로 휴대폰 보급률이 80%를 넘어섰고, 심지어 아프리카의 오지 마을 사람들도 휴대폰을 사용하는 시대가 됐다. 하지

만 무선통신 전파가 미치는 곳이라고 하더라도 은행 서비스가 제공되지 않는 지역은 여전히 많다. 인구가 적어 은행이 지점을 내기엔 채산성이 맞지 않는 곳들이다. 이런 지역의 주민들은 간단한 은행 업무를 볼 때도 몇 시간 동안 차를 타고 도시로 나가야 하며, 오가는 동안 강도를 만날 위험도 감수해야 한다.

남아프리카 공화국의 위짓뱅크는 이런 상황을 사업의 기회로 인식했다. 모바일뱅킹 기술을 통해 은행 서비스를 원격으로 제공할 수 있다는 사실을 간파한 것이었다. 이들은 또한 우체국 등과의 제휴를 통해 고객들이 오프라인에서도 입출금을 할 수 있음은 물론, ATM기도 이용할 수 있는 환경을 만들었다. 아프리카 오지에 사는 사람들도 도시 사람들과 똑같은 서비스를 받게 된 것이다.

또 한 가지 특이한 점은 위즈키즈WIZZkids라고 불리는 이 은행의 영업사원들이다. 이들은 각 마을의 실직 청년들로 조직되는데, 고객들에게 은행 이용 방법을 교육하고 상품을 판매한 후 애프터서비스를 제공하는 역할이다. 그리고 담당 고객의 사용량에 따라 인센티브를 받게 된다. 이처럼 위짓뱅크는 일자리 창출을 위한 사회혁신Social Innovation의 모범 사례이기도 하다.

2004년에 사업을 시작한 이 은행은 2008년 말, 남아프리카에서만 25만 명 이상의 고객을 확보하는 놀라운 성과를 거뒀고, 이후 잠비아나 루마니아 같은 아프리카의 다른 나라들에서도 공격적으로 영업을 확대하고 있다.

　오스람은 세계 최대의 전구 제조회사이지만, 심각한 성장 정체의 위기에 직면하게 됐다. 전 세계적으로 전기 보급이 완료되는 단계에 이르러서, 이제는 대체수요만 있을 뿐 전구에 대한 신규수요가 급격히 줄어들고 있기 때문이다. 그렇다면 유일하게 남은 시장, 즉 전기배선이 되지 않은 곳에서 전구를 사용하게 만들 수는 없을까? 이들은 이런 질문을 했다.

　아프리카에 있는 빅토리아 호수는 남한 면적의 3분의 2에 이르는 광대한 넓이를 자랑한다. 이 호수 주변에는 자그마치 3,000만 명에 이르는 사람들이 살고 있다. 또 이 호수는 밤이 되면 집어등을 밝힌 고깃배들이 몰려들어 장관을 이루는 것으로도 유명하다. 호수 주변에 사는 사람들이 밤낚시로 생업을 이어나가고 있기 때문이다. 그들이 주로 사용한 것은 등유로 만든 햇불이었다. 그런데 이들이 독한 냄새와 화재의 위험을 무릅쓰고 햇불을 사용했던 이유는 무엇일까? 사실 답은 간단하다. 마을에 전기가 공급되지 않기 때문이다.

오스람 전구는 바로 이곳을 새로운 시장으로 주목했다. 그리고 마을에 전기가 공급되지 않는다는 문제점을 해결하기 위해 마을마다 건물을 지어서 태양광 발전 장비를 설치하고, 생산된 전기를 배터리에 충전해서 전구와 함께 공급했다. 상식을 넘어서서, 전기 배선이 없는 곳에서도 전구를 사용할 수 있게 한 것이다. 이렇게 해서 어부들은 횃불 대신 전구를 사용해 안전하게 고기잡이할 수 있게 됐고, 오스람은 새로운 시장을 확보할 수 있었다. 또한 '태양광 발전 + 배터리 + 전구' 모델은 다른 지역으로의 확장 가능성이 있어서 전 세계적으로 연간 770억 ℓ에 달하는 조명용 등유의 소비를 줄일 수 있는 잠재가치를 가지고 있다.

프로그레시브는 미국 내 3위의 자동차 보험 회사로, 1983년부터 1988년까지 고위험고객군Residual Market에 집중하는 특화전략을 추구했다. 그리고 이 기간 중 고위험고객군에서 이익을 내는 유일한 회사가 됐다. 고위험고객군은 사고 위험이 높기 때문에 정상적인 보험료를 적용하면 이익이 나지 않는다. 따라서 대부분의 보험 회사들은 이 고객군을 꺼려하며 인수하지 않았다. 보험회사의 입장에서 보면, 이들에게 과도한 보험금을 지급할 확률이 높아서 결국 손해가 날 위험성이 크기 때문이다. 그런데 프로그레시브는 과감하게 이들을 고객으로 받아들였고, 업계의 예상과는 달리 이익을 실현하는 데 성공했다.

우선 프로그레시브는 운전자들의 성향이나 사고 상황을 분석해 사고 위험도와 관련된 변수를 정확히 파악하고, 이에 따라 보험료를 차등 설정했다. 이렇게 하면 고위험고객군이 오히려 회사에 고수익을 안겨줄 수 있다는 점을 간파한 것이다. 예를 들어 같은 오토바이 운전자라도 나이가 어릴수록 대체적으로 위험도가 높기 때문에 보험료를 경쟁사보다 높이 책정했다. 반대로 같은 고객군이지만 평균보다 사고 위험성이 낮다고 분석된 사람들은 공격적인 영업을 통해 고객으로 끌어들였다.

여기에 더해 사고가 났을 때 현장 조사를 전담하는 '신속 대응팀Immediate Response Team'을 조직했다. 이들은 사고가 접수되면 30분 이내에 현장에 도착하는 등 신속한 조치를 실시했다. 이러한 신속성으로 차량의 파손 정도, 도로 위에 남은 타이어 자국, 증인 등이 잘 보존됐고 보험사기 위험이 크게 감소했다. 이런 신속한 서비스에 만족한 고객들은 다른 고객에게 프로그레시브를 소개했다. 또한

교통사고를 당한 고객들이 사용하고 청구하는 렌터카 비용도 줄
어들어서 추가적인 이익이 생기기까지 했다.

세분화 기준을 바꾸면
새로운 유형의 시장을 발견할 수 있다

세분화 기준의 법칙

THE **05** TH

LAW OF
BUSINESS INNOVATION

고객은 모두 다르다. 최근에는 고객이 단 1명뿐인 시장에 대한 논의까지 전개되고 있다. 이른바 극세분화Micro-Segmentation이다. 이렇듯 고객의 특성이 다양하다면 고객을 보는 관점도 그만큼 다양해져야 한다. 하지만 세분화 기준은 여전히 천편일률적으로 나이, 소득, 성별, 직업 등을 넘어서지 못하고 있다. 고객들이 모두 다른 특성을 지닌 만큼 세분화 기준도 다양하게 바꿔보자. 새로운 시장이 보일 것이다.

시장 세분화는 타깃 고객을 선정하기 위해 시장을 여러 가지 유형으로 나누어 보는 것으로, 시장에 어떤 유형의 고객이 있는가를 정교하게 파악할 수 있게 한다. 이때, 시장을 구분하기 위해 적용하는 세분화 기준은 절대적인 역할을 한다. 즉, 어떤 세분화 기준이 적용되느냐에 따라 특정한 유형의 고객이 드러나기도 하고 감춰지기도 한다는 얘기다. 따라서 기존과는 다른 기준을 적용하면 그간 보지 못했던 새로운 시장과 고객을 발견할 수 있다. 몇 가지 세분화 기준을 예로 들면 다음과 같다.

- 구매량과 빈도
- 구매 과정의 편리성 선호도
- 선호하는 유통 채널
- 가격 할인, 프로모션 등에 대한 민감도
- 브랜드에 대한 충성도
- 제품에 대한 전문지식

이와 같이 소득수준이나 직업, 그리고 라이프 스타일처럼 그간 주로 사용해 왔던 것들과는 다른 기준으로 시장을 구분해 보면 감춰져 있던 새로운 시장을 발견할 수 있다.

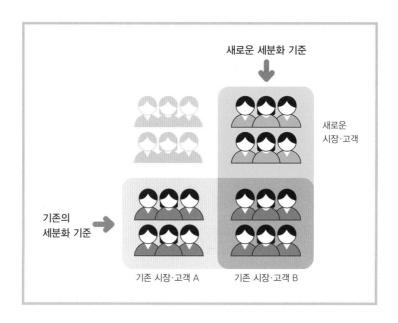

집카Zipcar의 예를 보자. 1장 '사고습관의 법칙'에서 설명한 엔터프라이즈 렌터카의 등장으로 사람들은 이제 집에서든 여행지에서든, 어디서나 편리하게 렌터카 서비스를 이용할 수 있게 됐다. 어떤 면에서는 시장의 수요가 100% 충족되는 중이라고 볼 수 있다.

그런데 2000년, 바로 이런 상황에서 집카라는 업체가 등장했다. 집카의 서비스는 '원하는 곳에서 원하는 차를 원하는 만큼' 시간, 일, 월 단위로 빌려 쓴 후 지정된 가까운 주차장에 반납하는 카쉐어링Car Sharing으로, 사실 렌터카 업체들이 제공하는 것과 거의 같다. 그렇다면 그들은 이미 수요가 충족된 시장에서 어떤 사업 기회를 본 것일까?

이들은 차를 가지고 있지 않은 사람들도 차가 필요할 때가 있다는 사실에 주목했다. 대학 캠퍼스 안에 거주하는 학생들이나 시내 중심가에 거주하는 2·30대의 젊은 층이 주요 타깃이었다. 이들이 차를 구입하지 않은 이유는 필요성을 못 느껴서가 아니라 대부분 주머니 사정이 넉넉지 못해서, 차량유지비는 물론 비싼 주차비를 낼 여유가 없기 때문이었다. 이와 같이 차량의 '소유 여부'를 기준으로 세분화를 한 결과, '사용 장소'를 기준으로 했을 때는 보이지 않던 새로운 시장을 발견할 수 있었다.

이렇게 사업 초기에 시장을 확보한 집카는 또 다시 새로운 시장을 찾아서 사업을 성장시켜 나가고 있다. 예를 들어 운행하는 시간이 길지 않을 경우에는 굳이 차를 소유할 필요가 없다는 점을 부각시키고 있는데, 이것은 '사용 시간'을 기준으로 자동차의 소유에 대한 관점을 바꾼 것이다. 자동차 소유자들까지 고객으로 확보하려는 시도이다.

미국의 사우스웨스트 항공은 항공 산업의 새로운 비즈니스 모델을 개척한 것으로 유명하다. 항공기 운항 효율성을 극대화시키는 방법으로 요금을 최대한 낮춤으로써 육상교통을 이용하는 승객까지 유인한, 세계에서 가장 큰 저가 항공사이자 미국에서 이용객 수가 가장 많은 항공사이다.

이들은 허브 공항을 기점으로 전국을 자전거 바퀴살처럼 연결하는 '허브 앤 스포크Hub-and-Spoke 방식' 대신 수요가 상대적으로 많은 지역을 선별적으로 연결하는 '포인트 투 포인트Point-to-Point 방식'을 택해 비용을 절감했다. 이렇게 저렴한 가격으로 승부함으로써 사우스웨스트 항공은 미국 항공 산업의 역사를 다시 썼다고 일컬어질 만큼 큰 성공을 거뒀다. 그렇다면 사우스웨스트 항공은 시장 세분화의 기준을 어떻게 설정했기에 이런 사업 모델을 개발할 수 있었던 것일까?

기존의 항공사들은 자신들이 기차나 자동차와 같은 육상 운송수단과 '속도'의 측면에서 대비된다고 봤고, 상대적으로 빠르다는 이점에 걸맞게 높은 가격을 책정했다. 하지만 사우스웨스트 항공은 이들과 달리 시장을 '가격'의 관점에서 봤다. 다시 말해 속도 때문에 항공기를 선택하는 고객 중에서도 가격이 낮다면 약간의 불편함은 감수할 수 있는 사람들이 있다고 판단했다. 이런 점에 착안해 사우스웨스트 항공은 간식이나 음료수와 같은 기내 서비스를 없애고, 각 도시의 중점 공항이 아닌 변두리 공항을 선택하는 방식의 저가 전략을 실행에 옮겼다. 그 결과는 어마어마했다. 미국 항공 업계의 역사상 가장 큰 성공을 거둔 것이다.

사우스웨스트 항공은 실적의 부침이 심한 미국 항공 업계에서 36년 동안이나 흑자를 달성한 유일한 기업이며, 심지어 글로벌 경제 위기로 여행객이 크게 줄어든 2008년에도 1억 7,800만 달러의 흑자를 기록했다.

이와 같이 시장 세분화에는 정답이 없다. 기업에 맞는 시장을 발견할 수 있게 해주는 것이 가장 좋은 세분화 기준이라고 할 수 있겠다.

THE 25 LAWS OF
BUSINESS INNOVATION

팔리는 상품 끌리는 브랜드

함께 즐기고 공감할 수 있는 기회가 주어지면
고객들은 열광한다

관계의 법칙

대부분의 사람들은 혼자 있을 때 소비를 최소화한다. 먹는 것과 입는 것 등 모든 분야에서 그렇다. 하지만 다른 사람과 같이 있으면 모든 게 풍성해진다. 자기 체면을 위해서든, 남을 위한 배려에서든 소비가 늘어나기 때문이다. 이 얼마나 좋은 사업 기회인가? 고객을 개개인이 아닌 관계 속의 한 사람으로 보는 시선이 중요한 이유이다.

대부분의 기업들은 고객이 혼자서 또는 가족과 함께 제품이나 서비스를 사용한다고 가정하고 있다. 그런데 가만히 관찰해 보면 사람들은 대부분의 시간을 혼자 있기보다는 다른 사람, 그것도 가족이 아닌 사람들과의 관계 속에서 보낸다. 직장 동료, 친구, 연인 등이 대표적인 예이다. 사람들은 이런 관계 속에서 공부나 일을 하고, 운동이나 오락을 즐기며, 함께 사랑과 우정을 나눈다.

사람들이 서로 관계를 맺는 다양한 상황들을 제품이나 서비스의 소비와 관련시켜 본다면 어떨까? 우선 선물이나 파티용 같은 새로운 용도를 발견할 수 있다. 그리고 이때는 한 사람이 아니라 여러 사람이 함께 소비를 하게 되므로, 판매량이 몇 배로 늘어나는 효과도 있다.

뿐만 아니라 사람들 사이에는 매우 다양한 심리적 기제가 작동되고 있다. 정, 배려, 열정, 유대감, 자존심 등이다. 이러한 감성적 기제를 잘 활용하면, 풍부한 소비의 원천을 발굴할 수 있게 된다.

이렇게 관계가 생기면 제품이나 서비스를 소비하는 또 다른 방법과 이유가 생긴다. 롯데제과의 '빼빼로'와 할리데이비슨Harley-Davidson은 이 점에 착안해 큰 성공을 거둔 예를 보여준다.

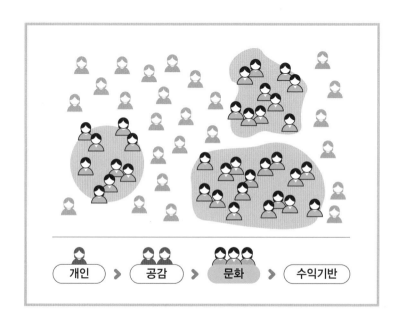

막대 모양 과자 빼빼로의 제조사인 롯데제과는 매년 11월 11일을 '빼빼로데이'로 스토리텔링 하는 데 성공했다. 이날 전국의 편의점과 선물 가게들은 빼빼로를 화려하게 포장해 일제히 내놓는다.

원래 빼빼로데이는 1994년경 부산을 비롯한 영남 지방의 여중

생들이 '빼빼로처럼 날씬해져라'는 뜻으로 빼빼로를 선물로 주고받으면서 시작됐다고 한다. 이 모습을 본 롯데제과가 빼빼로를 연상시키는 숫자 1이 가장 많이 들어간 날짜를 기념일로 정하고, 지금처럼 마케팅하면서 전국적으로 확산됐다.

이 아이디어는 연인, 친구들끼리 선물을 주고받을 수 있는 자연스러운 기회를 만들어 주며 소비자들의 무료한 일상에 청량제 역할을 하고 있다. 이제 우리나라에서 빼빼로데이는 밸런타인데이, 화이트데이와 더불어 '3대 데이'로 꼽힌다. 놀라운 것은 편의점들의 3대 데이 특수 중 빼빼로데이의 매출액이 가장 많은데, 그것도 밸런타인데이 매출액의 무려 9배에 달한다는 사실이다. 또한 빼빼로데이에 연간 매출액의 50%를 벌어들이고 있다. 군대에서는 밸런타인데이와 더불어 가장 많은 소포가 도착하는 날이라고 하니 그 성공은 실로 어마어마하다고 할 수 있다.

고난도의 기술 개발이나 큰 투자 없이, 과자를 '혼자 먹는 것'에서 '여러 명이 함께 즐길 수 있는 이벤트의 소재'로 바꾼 간단한 아이디어만으로 이루어진 탁월한 성공 사례라고 할 수 있다.

할리데이비슨도 이러한 '관계의 법칙'을 적용한 주요 성공사례이다. 한때 세계 최고의 모터사이클 제조 회사였던 할리데이비슨은 1960년대에 들어 혼다 등 일본 업체의 공세에 밀리기 시작해 1969년, 레저용품 제작회사인 AMF에 합병되는 수모를 맛보기까지 했다. 하지만 그 후 30여 년에 이르는 절치부심의 노력 끝에 2000년, 다시 세계 정상의 자리를 회복했다.

이러한 성취의 이면에는 1981년에 회사를 다시 사들여 독립시킨 임원들의 노력, 그리고 그들의 아이디어로 결성된 동호회 조직 호그H.O.G, Harley Owners Group가 있다.

호그는 세계에서 가장 큰 제품 동호회로, 할리데이비슨의 문화를 사랑하는 모임이다. 가장 큰 연례행사인 '호그 랠리'가 열리면 회원들은 함께 모여서 축제와도 같은 질주를 신나게 즐긴다. 그 후 록 그룹의 기타 연주가 울려 퍼지는 가운데 주차장에 도열한 할리데이비슨 모터사이클들이 특유의 "두둥 두둥 두두두둥"하는 엔진 소리를 뿜어 내면 하늘에서 불꽃이 터지기 시작한다. 또 코에는 먹음직스러운 바비큐 냄새가 스며들어온다. 이 절묘한 합주가 회원들을 흥분의 도가니로 밀어 넣는다. 이런 분위기에서 회원들은 각자가 선택한 복장과 개성 있게 개조한 오토바이의 꾸밈새를 놓고 즐겁게 얘기꽃을 피운다. 이렇듯 동호회의 존재가 고객들에게 주는 정서적인 효과는 엄청나다. 고객으로 하여금 회사와 제품에 일체감과 가까운 몰입을 느끼게 하는, 또 하나의 브랜드 로열티를 만들어 내는 것이다.

또한 호그는 부가 매출의 원천이기도 하다. 예를 들어 할리데이비슨에서 1,800만 원짜리 모터사이클을 산 고객은 600만 원 가량을 액세서리에, 200만 원 가량을 의상 구입에 추가로 쓴다. 매장에는 모터사이클용 액세서리 카탈로그가 비치돼 있는데, 분량이 800페이지에 달한다. 제품 종류도 머플러, 완충기, 새들백 등 수만 가지에 이르고 있다.

이처럼 할리의 충성스러운 고객인 호그의 사업적 가치는 어마어마하다. 1983년, 3만 명으로 출발한 호그는 130개국에 걸쳐 100만 명을 훌쩍 넘어섰다. 또한 할리데이비슨의 매출은 1986년부터 2006년까지 21년 연속 최대 매출 기록을 갱신했으며, 2007년의 매출액은 1983년 대비 24배, 이익률은 무려 930배였다.

고객의 다양한 니즈를 테마로 연결하면
새로운 사업 기회를 포착할 수 있다

테마의
법칙

밤하늘에 떠있는 수많은 별 중에서도 별자리에 속해 있는 별들은 우리에게 좀 더 뚜렷이 각인된다. 기업이 제공하는 다양한 제품과 서비스, 스토리와 체험도 마찬가지다. 이 모든 것들은 따로 떨어져 있지 않고, 하나의 테마로 연결될 때 고객에게 강력한 가치제안을 할 수 있다.

고객이 중요하게 생각하는 것들을 중심으로 테마를 설정해 보자. 구슬이 꿰어져 보배로 탄생할 것이다.

'핵심역량을 기반으로 한 선택과 집중'은 기업들이 흔히 채택하는 전략 중의 하나로, 경쟁 회사에 비해 상대적으로 우위를 점하는 제품이나 서비스 한두 가지에 기업이 가진 총력을 집중하는 것을 말한다. 이 전략은 개별 기업의 경쟁력을 강화하는 데 매우 효과적이지만, 고객의 입장에서는 매우 불편한 일일 수 있다.

예를 들어 한 가지의 목적을 달성하기 위해 다양한 유형의 제품과 서비스를 여러 단계에 걸쳐 동원해야 하는 경우가 있다. 이때 고객 스스로 각각의 제품과 서비스를 모두 따로따로 구매해서 목적에 맞게 써야 한다면, 불편할 뿐만 아니라 매우 어렵게 느껴질 것이다. 여러분들이 새로 지은 아파트를 구입하려는데 골조만 완성돼 있어 도배나 마루 등의 마감 작업을 별도로 해야 한다면 얼마나 막막하겠는가? 실제로 중국에서는 아직도 이런 상황이 벌어지고 있다. 그러면 어떻게 해야 할까? 탁월한 기업들은 이런 문제를 자신들을 위한 훌륭한 사업 기회로 만들어 낸다. 즉 고객이 어렵거나 불편하게 생각하는 요소를 제거하고 필요한 것들을 통합함으로써, 새로운 사업 모델을 만들 수 있다.

  다음은 이렇게 사업 기회를 성공적으로 포착한 예이다. 참고로 사업 기회는 제품과 서비스 간의 물리적 결합이 아니라 제품과 금융, 또는 소프트웨어와 컨설팅과 같이 화학적 융합이 이루어질 때 더욱 커진다. 그리고 또 한 가지 주목해야 할 점이 있다. 다양한 요소를 통합하는 테마는 고객이 제품이나 서비스를 사용하는 궁극적인 이유를 중심으로 설정돼야 한다는 것이다. 예를 들어 음악 감상은 즐거움이나 위로를 얻는 것, 음식을 먹는 행동은 맛을 느끼거나 건강을 얻는 것, 그리고 기업 고객이 무언가를 구매하는 것은 생산성과 경쟁력의 향상이 주된 목적이다.

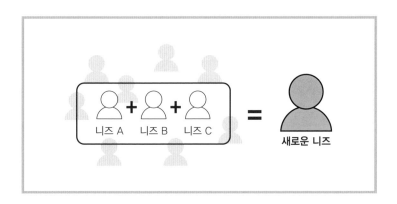

먼저 디지털 음악에 대해 생각해 보자. 아날로그 시대에 비해 많이 편리해지기는 했지만, 디지털 음악도 여러 단계를 거쳐야 비로소 감상할 수 있던 시절이 있었다. 우선 음원 사이트에서 음악 파일을 다운로드 받고, 나중에 필요할 때 찾기 쉽도록 정리해 놓아야 하며, 감상을 위한 프로그램을 실행시켜야 음악을 들을 수 있었으니 말이다. 최소한 세 단계를 거쳐야 하는 불편함과 복잡함이 당연하던 때였다. 그런데 애플은 마땅히 감수해야 하는 것처럼 여겨지던 불편함을 일시에 해결했다. 다양한 요소들을 통합한 '아이튠즈'를 통해서였다.

아이튠즈를 통해 음원을 사고, 파일을 관리하며, 함께 설치된 플레이어를 통해 음악을 들을 수 있도록 한 것이다. 게다가 지니 Genie 기능을 통해 고객의 취향을 자동으로 파악해서, 좋아할 만한 음악을 추천해 주기까지 했다.

이렇게 애플은 디지털 음악 듣기를 마치 흐르는 물처럼 자연스럽게 연결된 과정으로 만들었다. 사람들이 디지털 음악 듣기의 역사를 아이튠즈의 전과 후로 나누는 이유이다.

또 하나의 예로 B2B 기업인 IBM을 들 수 있다. 정보 시스템의 구축에는 소프트웨어와 소프트웨어를 작동시킬 하드웨어, 사용자들을 연결하는 네트워크 등 많은 요소들이 통합돼야 한다.

이러한 정보 시스템이 기업에서 사용되는 경우, 궁극적 목표는 업무 프로세스의 효율화에 있다. IBM은 정보 시스템의 이런 측면을 가장 먼저, 그리고 정확하게 파악한 기업이다. 1993년 루 거스너Louis V. Gerstner가 회장으로 취임한 이후, IBM은 소프트웨어와 서비스 측면을 강화해 하드웨어에 국한됐던 전문성을 대폭 확대했다. 그리고 2002년에는 PwC 컨설팅을 인수함으로써 업무 프로세스에 대한 컨설팅 능력을 추가로 확보하기까지 했다.

자신들의 제품과 서비스를 '업무 프로세스의 효율화'라는 고객니즈의 관점에서 재구성함으로써 IBM은 경쟁자였던 HP를 훌쩍 따돌리며, IT 솔루션 업계의 황제로 우뚝 서게 됐다.

IBM의 변화는 이노베이션의 결과이기 전에 위기 극복을 위한 노력의 산물이기도 하다. 수십 년간 업계 1위를 고수해 왔던 IBM은 1980년대 중반부터 시작된 시장의 변화, 즉 개인용 컴퓨터 시장의 성장을 간과했고 과거 성공의 주역이었던 대형 컴퓨터 사업에만 노력을 집중했다. 그 결과 1991년, 창사 후 처음으로 28억 달러라는 적자를 기록하게 된다. 이러한 위기 속에서 루 거스너가 이

끈 IBM의 변신은 성공적이었다. 1993년의 순손실 81억 달러에서 벗어나 2000년에는 순이익 80억 달러를 기록했고, 연평균 28%의 성장을 지속하는 회사로 변신한 것이다.

'테마의 법칙'을 산업 전체로 확대한 사례도 있다.

갭Gap이나 에버크롬비앤피치Abercrombie & Fitch와 같은 미국의 의류 회사들은 제품의 디자인과 마케팅에만 집중하고 제품 생산과 물류는 다른 회사에 위탁한다. 사업 구조의 슬림화를 통해 고정비 부담의 위험과 사업 구조의 복잡성에 따르는 비용을 줄이고자 하는 것이다.

기업들이 특정 영역에만 집중함으로써 생겨나는 여타 기능에 대한 니즈는 훌륭한 사업 기회임에 틀림없다. 만약 당신에게 이를 충족시킬 수 있는 역량이 있다면, 후보 기업을 찾아가 적극적인 사업 제안을 해봐도 좋을 것이다. 홍콩의 리앤펑Li & Fung은 바로 이런 기회를 놓치지 않고 사업화에 성공한 대표적인 기업이다. 그들이 일하는 방식은 다음과 같다.

예를 들어 갭 사가 여자 원피스 20만 벌을 주문한다면 리앤펑은 먼저 중국의 단추 회사 중 생산 여력이 있고 단가를 맞출 수 있는 곳에 단추의 생산을 의뢰한다. 그리고 지퍼는 한국에, 실은 말레이시아에 있는 공급자에게 맡긴다. 이 중, 실은 다시 인도로 보내져서 염색과 직조 작업이 이루어진다. 이렇게 확보된 지퍼와 단추, 직물 등은 최종적으로 파키스탄에 있는 생산 공장으로 집결돼 원피스로 완성된다.

이렇게 리앤펑은 전 세계 40개 나라에 퍼져 있는 3만 개의 공장과 200만 명이 넘는 직원들을 움직여서 의류를 생산하고 있다. 거세게 몰아친 글로벌화의 물결과 세계의 공장으로서 중국의 부상이 이들에게 날개를 달아준 것이다. 리앤펑의 매출은 1992년부터 2006년까지 연평균 22% 이상 오르는 등, 놀라울 만큼 지속적으로 성장했다.

하지만 리앤펑 자체적으로는 어떤 공장이나 물류 시설도 소유하고 있지 않다. 적은 수의 공장으로는 어차피 필요한 만큼의 물건을 전부 생산하기 어렵고, 또 같은 업종에 있는 다른 공급업자와 경쟁 관계가 생겨 필요할 때 충분한 협력을 얻을 수 없다면 오히려 손해라고 판단했기 때문이다. 순수한 비즈니스 인티그레이션Business Integration, 기업 간 통합을 그들의 주업무로 삼은 것이다.

고객의 다양한 감각과 움직임을
사로잡아라

오감의 법칙

감각은 이성과 감성의 원재료이자 출발점이다. 따라서 감각이 다양하게 사용될수록 고객이 제품과 교감하는 폭은 넓어질 수밖에 없다. 즉 고객이 제품이나 서비스를 만끽할 수 있게 되는 것이다. 한두 가지 감각이 아니라 오감 전체를 사용하도록 제품을 만들어야 하는 이유이다.

그런데 감각뿐만 아니라 손과 발, 혹은 몸 전체를 사용하게 할 수도 있다. 이렇게 오감에 움직임을 더한다면 고객의 몰입도는 더욱 커질 것이다.

햅틱Haptic이라는 개념이 있다. 색깔과 모양뿐만 아니라 촉감까지 디자인의 요소로 포함시킨다는 의미이다. 원래 컴퓨터 관련 제품의 사용자 인터페이스를 위해 고안된 개념인데, 지금은 아주 다양한 제품으로 적용이 확산되고 있다. 햅틱의 개념이 적용된 대표적인 제품이 바로 스마트 폰이다. 또한 새의 깃털처럼 부드러운 책갈피, 바나나와 모양뿐만 아니라 촉감까지 똑같은 주스 팩 등도 예로 들 수 있다.

촉감에서 한걸음 더 나아가서 이른바 오감을 만족시키는 디자인도 있다. 예를 들면 멋진 디자인은 기본이고, 이른 아침, 오전, 오후, 늦은 저녁 등 시간에 맞춰 어울리는 향기로 집안을 가득 채워 주는 시계를 생각해 보자.

오감 만족의 다음 단계는 무엇일까? 바로 고객의 '움직임'을 포함시키는 디자인이다. 고객이 오감을 느끼는 감각기관을 넘어서 운동기관까지 사용하도록 만들어 보자. 즉 스포츠나 레저 활동과 같이 원래 움직임이 많은 경우뿐만 아니라, 일반적인 제품이나 서비스의 사용에도 재미있고 신나는 움직임을 결합함으로써 고객에게 새로운 차원의 만족감을 주는 것이다.

이렇게 디자인 요소를 기존의 색깔과 모양에서 촉각과 후각, 그리고 몸의 움직임까지로 확대하게 되면 제품이 고객에게 주는 충족감은 더욱 다양하고 깊어지게 된다.

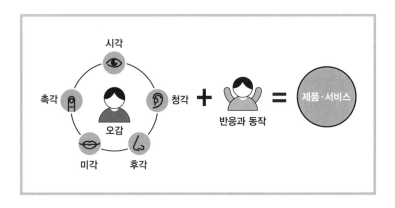

먼저 애플의 '아이팟'을 떠올려 보자. 아이팟이 처음 나왔을 때, 제품을 산 사람들은 포장을 뜯으면서부터 탄성을 내질렀다. 세상에 어떤 제품도 그렇게까지 세련되게 포장돼 있지는 않았기 때문이다.

아이팟의 본체는 이보다 더한 감동을 줬다. 세련되기 그지없는 디자인과 우아한 색상은 고객들을 매료시키기에 충분했다. 또한 이음새 없이 하나의 알루미늄 판으로 가공된 외관은 그 전까지는 느낄 수 없었던 부드럽고 매끈한 촉감을 가지고 있었다. 여러 개의 버튼이 튀어나와 있는 답답한 네모 막대 모양의 기존 MP3 플레이어와는 완전히 차원이 달랐다.

하지만 고객들의 놀라움은 거기서 그치지 않았다. 빙빙 돌리면 세 번 만에 원하는 음악을 찾아 주는 클릭휠은 그 편리함은 물론 실리콘 소재가 주는 촉감이 신비할 정도로 매혹적이었다. 그리고 클릭휠을 돌릴 때 나는 경쾌한 소리는 고객이 제품과 교감하고 있다는 느낌을 한층 더 깊게 만들었다. 모양과 색상, 촉감과 청각의 완벽한 통합. 제품 디자인의 새로운 차원을 보여준 것이다.

또 '닌텐도 Wii'는 어떤가? 대부분의 전자오락은 이용자가 게임기를 손에 든 상태 또는 컴퓨터 앞에 앉아 있는 고정된 자세로 이루어진다. 게임 속의 주인공들이 운동장을 질주하고, 들판을 달리며, 우주를 비행하는 동안에도 정작 게임을 하는 사람들은 고정된 자세로, 스크린을 쳐다보면서 눈동자와 손가락만 바쁘게 움직일 뿐이다.

그런데 닌텐도 Wii로 할 수 있는 게임들은 기존의 것들과 전혀 달랐다. 탁구, 테니스, 야구 등 게임 소재 자체도 달랐지만, 가장 큰 차이점은 컨트롤러를 손에 쥔 이용자들이 게임의 주인공이 되어 자신들의 팔과 다리를 몸소 움직여야 한다는 것이었다. 닌텐도 Wii의 이용자들은 좁은 책상 위에 놓인 컴퓨터 앞이 아니라, TV가 놓인 넓은 거실에서 실제로 테니스나 탁구를 치듯이 몸을 움직이면서 게임을 즐긴다.

'Wii'라는 단어는 두 사람이 짝을 이뤄 서 있는 모습을 이미지화한 것이다. 이와 같이 상대방의 움직임에 반응을 하는 리플렉스Reflex 운동의 특성은 이용자들을 더욱 깊게 매료시킨다. 또한 닌텐도 Wii의 게임들은 누구든지 시작하기는 쉬우나 일정 수준 이상으로 능숙해지기란 어렵다. 사용자들의 흥미를 더욱 자극하는 요소이다.

감성적 니즈는
기능적 니즈만큼이나 중요하다

감성의
법칙

THE

09 TH

LAW OF
BUSINESS INNOVATION

경쟁이 일상화된 비즈니스의 세계에서 감성은 마치 사치인 것처럼 간주된다. 하지만 감성은 우리가 내리는 모든 의사결정과 관련돼 있다. 감성이 이성을 지배하고 있기 때문이다. 감성이 이성에 명령하는 네트워크가 이성이 감성에 작용하는 네트워크보다 3배나 더 많다는 사실은 이미 의학적으로 밝혀졌다. 개인이 생산자가 아닌 소비자의 입장에 설 때는 더욱 그러하다.

지금까지 당연하게 추구해 왔던 기능적 니즈의 충족에서 벗어나 감성적 니즈의 충족을 목적으로 제품이나 서비스를 다시 생각해 보자. 완전히 새로운 기회가 펼쳐질 것이다.

편리함, 내구성, 경제성 등은 거의 모든 사람이 대부분의 제품이나 서비스에 대해 요구하는 보편적 특성이다. 이런 특성들은 사용자들이 가지고 있는 특정한 목적을 달성하는 데 도움을 준다. 이것을 기능적 니즈Functional Needs라고 한다.

반면 이러한 기능적 니즈와는 다른 유형의 니즈가 있다. 바로 사람의 내면에 자리 잡고 있는 감성적 니즈Emotional Needs로, 친밀감, 보람, 공감, 생동감과 같은 감정들이다. 이러한 감정들은 사람들에게 긍정적인 에너지를 불어넣어 주기 때문에, 사람들은 삶 속의 가능한 많은 부분에서 이런 감정을 체험하고 싶어 한다. 제품이나 서비스를 사용할 때도 마찬가지이다. 그러므로 제품 및 서비스의 기능적 요건에 감성을 결합한다면 매우 강력한 흡인력을 가지게 된다.

또한 감성적 니즈는 기능적 니즈에 비해 투자 효율이 훨씬 더 높다. 기업들이 제품 및 서비스의 기능적 측면의 향상을 위해서 매년 어마어마한 규모의 R&D 비용을 투자하는 반면, 감성적 측면에 대해서는 소홀하거나 잘 알지 못하고 있는 경우가 많기 때문이다.

이러한 감성적 요인들은 제품이나 서비스 그 자체를 통해서도 전달될 수도 있지만 제품의 사용에 결부된 스토리나 이벤트 또는 다양한 액티비티를 통해 제공되는 경우가 많다. 다음은 그 성공적인 사례들이다.

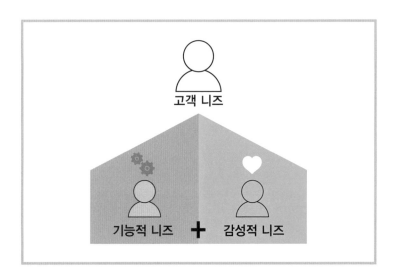

나투라Natura는 브라질 국적의 화장품 회사이다. 이 회사는 제조업 기반이 약한 브라질에서는 아주 특이하게도 로레알이나 에스티로더와 같은 거대 다국적기업들을 제치고 시장점유율 1위를 차

지하고 있다.

당연히 이 기업은 R&D 투자는 물론 기업의 모든 측면에서 다국적 기업과는 비교도 안 되는 열세에 놓여 있다. 로레알이나 에스티로더 등은 각각 3,000명이 넘는 연구 인력을 보유하고 있는데 비해, 나투라의 연구 인력은 150여 명에 지나지 않는다. 그렇다면 나투라는 어떻게 이들을 앞설 수 있었을까?

나투라가 개발하던 제품 중에 어린이용 로션이 있었다. 그런데 문제는 미국의 다국적기업인 존슨앤존슨Johnson & Johnson이 이 제품군의 시장을 이미 90% 이상 점유하고 있는 상황이라는 점이었다. 나투라는 이 시장에 진입하기 위한 방안을 찾기 위해 절치부심할 수밖에 없었고, 마침내 그 해답을 민속 전통에서 찾아냈다. 어린이용 로션을 '샨타라Shantala'라고 하는 브라질 전통마사지와 연결시키기로 한 것이다. 브라질 국민들에게 샨타라 마사지는 어머니와 아이 간의 애착관계를 형성하고, 아이들의 두뇌 발달을 촉진시킨다고 알려져 있다. 제품 자체의 효능만으로는 선발주자를 앞서기 불가능한 상황을 극복하기 위해, 제품이 가지고 있는 감성적 측면을 최대한 활용한다는 전략이었다.

나투라는 제품의 포장에 샨타라 마사지의 방법과 효능을 꼼꼼히 기재해 놓고, 판매 사원들에게 시범과 함께 상세한 설명을 제공하도록 교육했다. 이런 노력을 통해 마침내 브라질의 어머니들은 이 로션으로 아이와의 관계를 좀 더 가깝고 특별하게 만들 수 있다고 생각하게 됐다. 나투라가 성공적으로 시장에 진입한 것은 물론이다.

이 사례는 이노베이션의 원천이 기술 개발에만 있는 것은 아니며, 또한 다국적 대기업의 전유물이 아님을 분명히 보여준다고 할 수 있다.

리처드 브랜슨Richard Branson은 영국 버진 그룹의 회장으로, 여러 가지 기행으로도 유명하다. 자신이 만든 콜라 브랜드가 코카콜라를 앞지를 것이라고 호언장담하며 뉴욕의 타임스퀘어로 탱크를 몰고 들어가 코카콜라의 광고판을 향해 포탄을 쏘는 이벤트를 벌이는가 하면, 일곱 번씩이나 열기구를 타고 세계일주에 도전하기도 했다. 일곱 번 만에 성공을 했다는 것은 목숨이 위태로웠던 여섯 번의 실패가 있었다는 말이기도 하다. 리처드 브랜슨 회장이 벌이는 이런 기행에는 '버진Virgin'이라는 회사의 로고가 항상 함께 했기 때문에, 버진 그룹은 브랜드 자체가 자연스럽게 도전과 모험의 아이콘이 됐다.

독특한 브랜드 이미지는 제품이나 서비스 자체의 속성으로는 차별화하기 힘든 성숙기 사업에서도 경쟁자를 따돌릴 수 있는 비결로, 계속적인 사업 확장의 기반이 됐다.

이런 브랜드 이미지를 통해 사업 확장을 성공으로 이끈 인상적인 사례 중의 하나가 바로 버진 모바일Virgin Mobile이다. 버진 모바일은 미국에서 MVNO 사업을 하면서 자신들의 브랜드 이미지를 기반으로 2·30대 젊은이들을 집중적으로 공략했고, 사업을 시작한 지 2년 6개월 만에 300만 명에 이르는 고객을 확보하는 데 성공했다. MVNO 사업이란 다른 회사의 통신망을 빌려 이동통신 서비스를 제공하는 것으로 차별화의 여지가 극히 적은 사업이다. 이런 이유로 수많은 기업들이 막대한 손실을 보고 MVNO 시장에서 물러난 데 비해, 버진 그룹은 색다른 브랜드 이미지에 힘입어 눈에 띄는 성공을 거둔 것이다.

또 하나의 예로 빌드어베어 워크숍Build-A-Bear Workshop이 있다. 어린이들이 정서적으로 건강하게 성장하기 위해서는 주변 사람들과의 친밀감 형성이 필수적이다. 여기에는 부모님들의 역할이 가장 중요하지만 친구들과의 관계도 없어서는 안 될 요소이다.

하지만 어린이들 곁에 부모님이나 친구들이 항상 같이 있을 수는 없다. 각자 바쁜 일정이 있기 때문이다. 그래서 어린이들은 인형을 가지고 논다. 인형으로 친구를 대신하려는 것이다. 하지만 대부분의 인형들은 어린이들의 친구가 되기엔 부족한 면이 많다. 공장에서 기계로 똑같이 찍어 낸 제품들이라 정서적인 유대감이 느껴지지 않는 탓이다.

그래서 빌드어베어 워크숍은 어린이들과 진짜 친구가 될 수 있는 인형을 만들기로 했다. 방법은 어린이들이 자신만의 인형을 직접 만들도록 하는 것이었다.

어린이들은 매장에서 인형의 색깔과 모양을 자신이 원하는 대로 선택하고, 마음에 드는 옷도 입힐 수 있다. 심지어 인형을 눌렀을 때 으르렁거리는 울음이나 키득거리며 웃는 소리가 나도록 기능을 추가할 수도 있다. 이런 방식으로 곰뿐만 아니라 강아지, 고양이, 코알라 등 다양한 동물 인형을 만들 수 있다. 이 과정 동안 매장의 도우미들은 어린이들이 스스로 인형을 만들 수 있도록 모든 과정을 상세하고 친절하게 도와준다. 그리고 이렇게 자기만의 인형이 완성되면 출생증명서까지 발행된다. 장난감이 아니라 아이들의 친구가 탄생하는 것이다.

빌드어베어 워크숍은 2013년 말을 기준으로 전 세계 400여 개의 매장에서 4억 달러 규모의 매출을 올렸다.

심리적 보상은 경제적 비효익을
극복할 수 있다

심리 보상의 법칙

남들보다 돋보이려는 욕구나 유명인과 비슷해지려는 동일시 현상은 경제적 이익의 추구만큼이나 강력한 인간의 본성이다. 소비의 궁극적인 목적이라고 할 수 있을 정도이다. 인간의 내면에 감춰져 겉으로 잘 드러나지 않는 심리적 니즈에 주목해 보자. 경제적 합리성을 넘어선 새로운 기회의 세계를 발견할 수 있을 것이다.

사람들이 기능적 니즈의 충족만큼이나 바라는 것이 있다. 자부심이나 돋보임 같은 심리적 보상이다. 즉, 특정 제품이나 서비스의 소비를 통해 자신이 남들보다 돋보일 때 오는 충족감인데, 값비싼 명품의 소비가 그 대표적인 예이다.

사람이 가지고 있는 또 다른 심리적 니즈는 의무감을 충족시키는 것이다. 특히 부모나 자녀와 같이 가까운 사람에 대한 의무감은 비싼 가격을 주고 프리미엄 제품을 구입하는 충분한 이유가 된다.

곧 사람들이 심리적 충족감을 위해서 경제적 비효익을 감수하기도 한다는 뜻이다. 이 점을 효과적으로 활용하면 기술의 경제성 부족을 해결하거나 사회적으로 바람직한 소비를 촉진시킬 수도 있다. 경제적 합리성이나 기존의 소비습관을 초월하는 새로운 수요를 만들어 낼 수 있는 것이다.

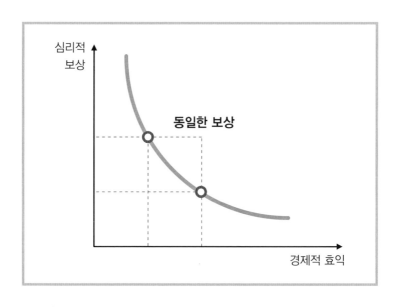

심리적 보상

동일한 보상

경제적 효익

하이브리드 자동차는 동급의 다른 자동차에 비해 20% 이상 비싸다. 절감되는 연료비를 계산해 보더라도 하이브리드 자동차는 여전히 부담스러운 제품이다. 환경보호라고 하는 사회적 가치에 동의하는 경우에도, 개인이 부담하기에는 경제적 대가가 너무 큰 것이다.

토요타는 자신들이 만든 하이브리드 자동차인 '프리우스Prius'의 디자인을 독특하게 바꿈으로써 이 문제를 해결했다. 즉 멀리서도 쉽게 알아볼 수 있는 독특한 외관을 통해 차량 소유자가 환경보호에 앞장 서는, 깨어 있는 시민이라는 사실을 본인이 직접 말하지 않고도 효과적으로 표현할 수 있도록 한 것이다.

프리우스는 뒷부분이 절벽처럼 깎여 있다. 뒷부분이 유선형인 다른 차량들과 비교하면 매우 독특한 모양이다. 이 때문에 프리우스를 모는 사람들 중에는 주차할 때, 다른 차들과 반대 방향으로 세우는 경우가 많다. 특히 연예인들이 많이 사는 비버리힐스에서 그런 경우를 많이 볼 수 있는데, 이들은 대중의 평가와 인기에 아주 민감하기 때문이다. 파파라치 사진을 통해 자신이 프리우스를 몬다는 사실을 은연 중에 알리고 싶어 하는 것이다. 따라서 토요타가 '남의 이목을 끌고 싶은 사람'을 주요 타깃으로 삼아 시장 확대를 꾀했던 것은 매우 영리한 전략이었다. 이 덕분에 프리우스는 할리우드가 위치하고 있는 캘리포니아 주에서 2012년부터 2년 연속, 가장 많이 팔린 자동차로 선정되기도 했다.

프리우스는 이와 같이 고객이 필요로 하는 심리적 보상을 제공함으로써, 제품이 가지는 경제적 비효익을 훌륭히 극복해 냈다.

다음은 의무감을 사업에 활용한 예이다. 김밥 한 줄의 가격은 대개 1,500원에서 2,500원 수준이다. 그런데 그 두 배가 넘는 3,200

원, 많게는 4,800원을 받으면서도 승승장구하고 있는 김밥 프렌차이즈 점이 있다. 바로 '바르다 김선생'이다. 2013년 7월에 처음 문을 연 이 김밥 전문점은 약 2년 만에 매장이 전국 150여 개로 늘어나고, 매출 역시 200억 원을 돌파했다.

도대체 어찌된 일일까? 우선 재료가 고급이라는 점이 눈에 띈다. 해남 청정 지역 원초를 사용해 두 번 구운 김, 무기질 함량이 높은 남해안 간척지 쌀, HACCP 인증을 받은 농장에서 생산한 무항생제 계란 등 재료 하나하나가 모두 최고 수준이다. 하지만 이 재료들이 경쟁 제품의 두 배가 넘는 가격을 전부 설명해 주지는 못한다. 그렇다면 진짜 비결은 무엇인가? 바로 남편이나 아이들에게 밥을 차려주는 대신 시장에서 산 김밥으로 끼니를 때우게 한다는 엄마들의 죄책감을 덜어준 데 있다. 김밥은 누구나 즐겨 먹지만 건강을 위한 음식이라는 인식은 거의 없다. 때문에 이들은 '좋은 재료로 정성스럽게 만든다'는 브랜드 이미지를 통해 남편과 아이들에게, 검증되지 않은 재료로 만든 김밥을 먹인다는 엄마들의 미안한 감정을 덜어준 것이다.

가족들에 대한 엄마들의 의무감은 CJ제일제당이 만든 즉석밥 브랜드 '햇반'의 사례에서도 이미 검증된 바 있다. 처음 햇반이 출시됐을 때 내세웠던 제품 콘셉트는 '편리한 밥'이었다. 하지만 이 콘셉트는 예상치 못한 복병을 만났다. 맛도 좋고 위생적이었지만 엄마의 정성이 담겨 있지 않은, 공장에서 만든 밥을 남편과 아이에게 먹인다는 비난을 불러일으킨 것이다. 햇반은 결국 '미안해하지 않아도 될 만큼 햇반은 잘 만들었습니다'라는 새로운 콘셉트를 내세운 뒤에야 성공할 수 있었다.

이처럼 '바르다 김선생'의 김밥은 엄마들의 미안한 감정 또는 의무감이라는 심리적 니즈를 프리미엄 가격의 기반으로 성공했다고 할 수 있다.

잠재된 고객 니즈는
고객의 입장에 서야 비로소 보인다

체험의
법칙

THE **11** TH

LAW OF
BUSINESS INNOVATION

고객에게 무엇이 필요하냐고 물어보는 것과 자신이 직접 고객이
되어보는 것, 어느 쪽이 고객 니즈의 발견에 더 효과적일까?
대답은 자명하다. 하물며 쉽게 드러나지 않는 잠재적 니즈는
어떻겠는가!

그런데 고객의 입장이 된다는 것은 단순한 상상 이상의
일이다. 관찰, 공감, 체험을 통해 고객이 처한 현실을 정확히
이해해야만, 비로소 고객 니즈가 그 모습을 제대로 드러낸다.
그러나 감춰진 고객 니즈는 기업에게 새로운 사업 기회이다.
놓칠 수 없는 일이다!

기업의 입장에서 가장 곤혹스러운 상황은 고객이 무엇을 원하는지 정확히 알 수 없는 경우이다. 더구나 대부분의 경우 고객들도 자신의 니즈를 정확히 모른다. 서베이Survey는 물론 심층 인터뷰와 같은 고도의 기법을 사용하더라도 고객 니즈는 명확히 드러나지 않는다. 이것이 바로 스티브 잡스가 시장조사를 하지 않은 이유이다. 대부분의 소비자들은 원하는 것을 눈앞에 직접 보여주기 전까지는 자신들이 진짜 무엇을 원하는지 모른다는 이야기다.

그러나 이러한 위기 상황은 기업에게 오히려 둘도 없는 기회가 될 수 있다. 고객의 감춰진 니즈를 정확히 파악해 낸다면 경쟁사보다 빨리 새로운 사업 기회를 발굴할 수 있기 때문이다.

그렇다면 어떻게 해야 고객의 감춰진 니즈를 파악해 낼 수 있을까? 가장 좋은 방법은 고객의 입장에 서 보는 것이다. 즉, 제품을 직접 사용해 보거나 고객이 제품을 사용하는 모습을 세심하게 관찰하는 방법이다. 또는 고객이 처한 다양한 상황을 마치 탐험을 한다는 기분으로 폭넓게 살펴볼 수도 있다.

인류학의 현지 조사 기법인 민족지학Ethnography이나 고객의 집을 방문해 일상생활을 같이 하는 가정 방문Home Visiting 역시 고객들의 잠재된 니즈를 찾아내기 위한 방법이다.

가와사키Kawasaki의 실패 사례와 웨스틴Westin 호텔, 푸르덴셜Prudential 보험사의 성공 사례를 모두 살펴보자. 이들의 사례에서 드러나는 의외의 사실이 있다. 고객의 감춰진 니즈가 제품이나 서비스의 기능이나 성능, 또는 품질과 같은 직접적인 성과의 영역이 아니라 제품이나 서비스를 사용하는 방법이나 목적, 그리고 사용되는 시간이나 장소와 같은 환경적 요인에 주로 관련되어 있다는 점이다.

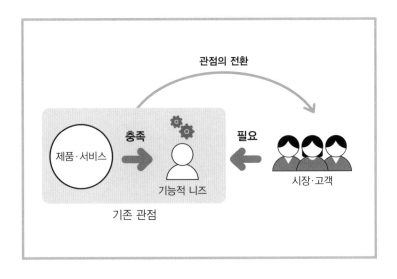

사업을 성공시키고 싶다면 고객의 니즈를 파악해야 하지만, 고객의 표면적인 요구사항을 곧이곧대로 듣는 것은 위험하다. 가와사키는 바로 그런 함정에 빠졌다.

혼다, 야마하, 스즈키 등과 함께 일본의 모터사이클 산업을 대표하는 4대 브랜드 중의 하나인 가와사키는 한때 전 세계 워터크래프트Watercraft, 수상 오토바이 시장을 석권하고 있었다. 1972년, '제트스키Jet Ski'를 처음 발명한 덕분이다. 복사기를 통칭해 '제록스Xerox'라고 불렀던 것처럼, 고객들은 가와사키의 브랜드인 제트스키를 워터크래프트를 부르는 일반적인 용어로 사용했다.

가와사키는 경쟁력을 강화하기 위해 고객들에게 자신들의 제품에 대한 의견을 조사했고, 고객들은 제트스키의 안쪽 면에 충전재Padding를 보강해 달라고 주문했다. 제트스키는 서서 타도록 만들어져 있었기 때문에, 좀 더 편하게 탈 수 있으면 좋겠다는 것이었다. 당연히 가와사키는 충전재를 보강하는 데 몰두했다. 그러나 경쟁사들은 제품을 보는 관점을 완전히 달리한 끝에 아예 '앉아서 타는' 모델을 개발했다. 결과는 가와사키의 참패였다.

역설적이게도 가와사키의 또 다른 주력 제품인 오토바이는 모두 앉아서 타는 형태이다. '좀 더 편하고 안전하게'라는 잠재적인 요구사항 대신 표면적으로 드러난 의견에만 몰두하느라 보다 근본적이고 중요한 이노베이션의 기회를 놓치고 만 것이다.

이와는 반대로, 개인의 체험을 통해 잠재된 고객 니즈를 성공적으로 찾아낸 사례도 많다.

출장이나 여행 등으로 호텔에 투숙할 경우, 고객들이 가장 많은 시간을 보내는 곳은 객실의 침대와 욕실이다. 그런데 대부분의 호텔들은 로비 장식이나 건물 외부에 투자를 집중하고, 이 두 가지 시설에는 그다지 많은 주의를 기울이지 않는다. 따라서 고객의 입장에서는 비싼 비용을 지불하고서도, 불편하거나 쾌적하지 못한 시설때문에 불만스러운 경우가 많다.

웨스틴 호텔은 바로 이 두 곳을 이노베이션의 대상으로 정했다. 그들은 우선 최고의 잠자리를 위해 오리털 이불과 침대 커버, 쿠션 베개 등을 특별하게 제작했다. 그리고 이 과정에서 시몬스 침대와의 제휴를 통해 메트리스에 '천국의 잠자리Heavenly Bed'라는 이름을 붙이기도 했다.

또한 욕실에는 '천국의 욕실Heavenly Bath'이라고 이름 붙이고, 샤워 공간을 확장해서 편안한 자세로 씻을 수 있도록 했으며, 마시지 기능을 갖춘 샤워기도 설치했다.

이와 같은 웨스틴 호텔의 객실 이노베이션은 고객 만족도를 극적으로 높였을 뿐만 아니라, 호텔 투숙료 이외의 새로운 수익원도 창출했다. 객실 내의 침구와 목욕용품들은 품질이 좋을뿐만 아니라 디자인도 뛰어나서, 고객들이 집에서도 쓰고 싶어 했기 때문이다. 침구와 목욕용품은 '헤븐리'라는 브랜드로 노드스트롬Nordstro 백화점 체인을 통해 판매되고 있으며, 델타 항공 등과의 제휴를 통해 비행기의 비즈니스석과 일등석에도 제공되고 있다.

푸르덴셜 보험도 감춰진 고객 니즈를 발견하는 데 성공한 예이다. 관례적으로 생명보험은 가입자가 사망을 했을 때만 보험금이 지급됐다. '그렇다면 고객이 살아있을 때 보험금이 필요한 경우는 어떻게 할까?' 푸르덴셜 보험 캐나다 법인의 대표였던 론 바바로Ron Babaro는 자원봉사 활동을 하던 중 에이즈에 걸린 한 고객을 만났고, 이런 질문을 하게 됐다. 독일인인 그 환자는 죽기 전 고향으로 돌아가 마지막으로 가족의 얼굴을 보는 것이 소원이었지만, 수중에 가진 재산은 생명 보험증권이 전부였다. 에이즈로 인해 직장을 잃고, 저축한 돈마저 다 바닥났던 것이다.

론 바바로는 이 문제를 회사의 책임자들과 의논한 끝에 다음과 같은 아이디어를 생각해 냈다. 바로 이 고객이 사망을 할 경우에 받는 보험금 3만 5,000달러 중 일부인 2만 5,000달러를 먼저 주고, 사망 시에는 그 금액을 제외한 1만 달러를 지급하는 것이다. 이 아이디어는 보험 회사도, 고객도 모두 윈윈할 수 있는 묘안이었다.

이 아이디어는 점차 확대돼 뇌종양이나 루게릭병과 같은 다른 질환을 앓고 있는 고객들에게까지 적용됐고, 덕분에 불치병으로 경제력을 잃었던 고객들은 삶의 마지막 시기를 좀 더 여유롭게 보낼 수 있게 됐다. 기업 입장에서도 '생존담보_{Living Benefit}'라고 이름 붙인 이 새로운 보험 상품으로 인해 매출이 늘어난 것은 물론, 푸르덴셜이라는 브랜드에 대한 우호적 이미지까지 강화되는 극적인 효과를 얻었다.

고객 니즈에 대한 고정관념을 버리면
같은 고객에게도 완전히 다른 상품을 팔 수 있다

본질의
법칙

THE **12**TH

LAW OF
BUSINESS INNOVATION

기존 고객을 잘 유지하는 것은 신규 고객을 유치하는 것보다 8 배나 비용 효율적이라고 한다. 기업이 교차 판매Cross Sell나 상승 판매Up Sell에 노력을 기울이는 이유이다. 이때 고객이 무엇을 필요로 하는가를 정확히 파악하면, 판매할 수 있는 제품이나 서비스가 획기적으로 늘어난다. 기존의 것과는 완전히 다른 새로운 제품이나 서비스를 발굴할 수 있기 때문이다.

이렇듯 고객 니즈는 모든 사업의 출발점이자 귀착점이다. '태초에 고객 니즈가 있었다'라고도 할 수 있겠다.

고정관념은 제품이나 서비스뿐만 아니라 고객 니즈를 보는 시각에도 박혀있다. 이 두 가지는 고정관념이라는 차원에서는 같지만, 전혀 다른 종류의 기회손실을 만든다. 즉, 제품이나 서비스에 대한 고정관념은 물건을 판매할 수 있는 시장을 보지 못하게 하는 데 비해, 고객 니즈에 대한 고정관념은 특정 고객에게 판매할 수 있는 제품이나 서비스의 종류를 좁게 제한시킨다.

이와 같이 고객 니즈에 대해 잘못된 고정관념이 발생하는 이유는 기업이 고객 니즈 그 자체가 아니라 고객이 현재 사용하고 있는 제품이나 서비스에만 주목하기 때문이다. 즉, 기존 제품의 성능 개선이나 차별화에만 관심을 가지는 것이 그 이유이다. 그 결과는? '매출의 제약'이라고 하는 가장 큰 기회손실이 발생한다.

다음은 고객 니즈에 내재된 고정관념을 제거함으로써 새로운 제품이나 서비스의 개발에 성공한 사례들이다.

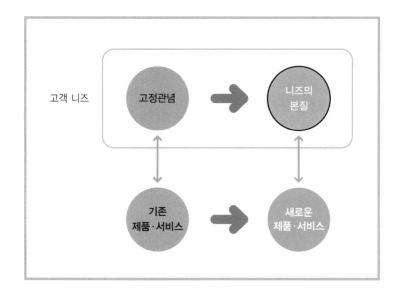

옥외 광고하면 우선 떠오르는 것은 고층 빌딩의 옥상이나 고속
도로 주변에 있는 커다란 광고판, 혹은 빌딩 벽면의 LED 광고판
등이다. 이들의 특징은 많은 사람들이 멀리서도 볼 수 있도록, 사
용되는 글자와 그림이 매우 크다는 것이다. 하지만 이렇게 큰 광
고판을 설치할 수 있는 공간은 당연히 그 숫자가 정해져 있다. 매
일 같이 빌딩이 신축되는 것도 아니고, 고속도로 또한 필요한 대
부분이 이미 건설돼 있기 때문이다. 이렇게 광고 공간이 제한되면
옥외 광고를 하고자 하는 기업도, 그리고 옥외 광고 공간을 섭외

해서 기업에 판매하는 광고매체 전문 기업도 큰 곤란을 겪게 된다.

하지만 옥외 광고가 꼭 빌딩 옥상이나 고속도로 주변에 있어야 할까? 광고를 하는 기업들이 궁극적으로 필요로 하는 것, 즉 고객 니즈의 본질은 '최종 소비자의 눈길'이다. 그렇다면 사람들의 주목을 끌 수 있는 장소라면 어디든 바로 광고를 설치할 수 있는 곳 아닌가?

이런 질문을 하고 또 그에 대한 훌륭한 답을 찾아낸 기업이 있다. 프랑스의 광고매체 전문 기업인 JCD_JCDecaux이다. 광고매체 전문 기업은 옥외 광고를 설치할 수 있는 공간을 확보해 고객에게 판매한다. 그런데 JCD는 업계의 상식을 뛰어 넘어 버스 혹은 택시 정류장에 광고판을 설치했다. 그곳에는 버스나 택시를 기다리면서 무료함을 감추지 못하는 수많은 눈길들이 있기 때문이다. 따로 할 일이 없는 그들이 시선을 놓아 두기에 광고는 더없이 좋은 대상이었다. 그리고 JCD는 단순히 광고판을 설치하는 것에서 한걸음 더 나아갔는데, 바로 광고물을 부착할 수 있는 독특한 구조물을 설치한 것이다. 그들의 경쟁자 즉, 길거리에 있는 수많은 간판들과 택시, 버스의 측면 광고와 차별화해 고객의 이목을 집중시키기 위한 노력이었다.

다음으로 살펴볼 예는 이노센티브Innocentive이다. 기업이 신기술 연구개발 활동에 막대한 금액을 투자하는 이유는 기존 제품의 문제점을 개선하거나 새로운 제품을 개발해 매출과 이익을 늘리기 위해서이다. 따라서 냉철하게 생각할 때, 신기술이 개발되기만 한다면 연구개발 활동이 기업의 내부에서 이루어지든, 혹은 외부에서 이루어지든 아무런 문제가 되지 않는다.

이노센티브의 비즈니스 모델은 바로 이 점에서 착안됐다. 즉 소수의 전문가가 자신의 과제만을 담당하는 개별 기업의 R&D 부서와는 달리, 이노센티브에서는 전 세계에 흩어져 있는 수많은 전문가를 통해 기술적 문제에 대한 해답을 찾아낸다.

기업 또는 정부에서 풀기 어려운 문제에 봉착했을 때, 이 문제를 이노센티브의 사이트에 올리면 전 세계의 지식인, 과학자, 엔지니어들이 해결책을 내놓는다. 이노센티브는 전 세계 17개국에 걸쳐 10만 명 이상의 전문가 네트워크를 보유하고 있다. 제약, 생명과학, 농업, 식품 등 분야도 가리지 않는다. 이후 문제가 해결되면, 답을 제시한 사람이 사례를 받는다.

이노센티브를 이용하는 것은 전 세계의 전문가로부터 도움을 받을 수 있다는 점 외에도, 자체적인 R&D 조직을 운영하는 것보다 더 적은 비용으로 문제를 해결할 수 있다는 장점이 있다. R&D 조직을 운영할 경우 해결책을 찾지 못한 때에도 비용이 발생하는 데 비해, 이노센티브를 이용하면 답을 찾은 경우에만 비용을 지불하면 되기 때문이다. 또한, 이노센티브를 통해서도 해결책을 찾지 못했다면 현재의 기술 수준으로는 문제 해결이 불가능하다는 판단을 내릴 수 있다. 이 또한 R&D에 대한 과도한 투자를 예방할 수 있도록 한다.

인간은 본성적 니즈를
거의 모든 제품을 통해 충족하기를 원한다

본성 적용의 법칙

태블릿 PC, 휴대폰, 워크맨, 스위스 군용 칼…. 이들의 공통점은
조작이 간편할 뿐만 아니라 휴대가 쉽다는 것이다. 이는 곧
편이성과 휴대성이 업무, 통신, 취미, 레저에 두루 적용된다는
얘기이기도 하다. 이와 같은 '공통적 니즈'가 바로 인간의
본성적 니즈이다.

인간의 본성적 니즈를 세심하게 파악해 보자. 그리고 이 니즈가
아직 적용되지 않은 제품이나 서비스를 찾아보자. 지금껏
생각지 못했던 새로운 제품이나 서비스를 개발할 수 있을
것이다.

2장 '본성 추구의 법칙'에서 인간의 본성적 니즈, 즉 이 세상 모든 사람들이 가지고 있는 보편적 니즈의 첫 번째 측면인 '시장'과 '고객'에 대해 얘기했다. 즉 소득이나 나이, 직업을 초월해서 남녀노소 대부분의 사람들이 '공통적으로' 가지고 있는 니즈가 있다는 내용이었다.

본성적 니즈의 두 번째 측면은 제품이나 서비스에 있다. 즉, 사람들은 자신의 본성적 니즈를 가능한 많은 제품이나 서비스에서 충족하기를 원한다. 예를 들어 '빠른 속도'는 사람의 이동을 위한 초고속 열차, 사물의 이동을 위한 당일배송 서비스, 정보의 이동을 위한 초고속통신망처럼 거의 모든 제품이나 서비스에 반영됐다. '경량화' 역시 텔레비전과 오디오, 의류와 신발 등 우리 생활의 전반에 걸쳐 실현돼 왔다. 따라서 인간의 보편적 니즈를 정확히 파악하면, 새로운 제품이나 서비스를 개발할 수 있다. 아직 충족되지 못한 고객의 본성적 니즈에 대해 고민하고 분석하다 보면 새로운 사업의 기회가 생긴다는 얘기다.

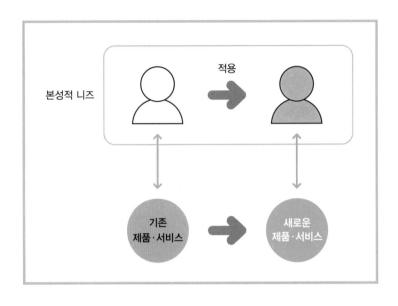

대표적인 예로 세스코cesco가 있다. 위생 관리는 모든 사람이 관심을 기울이는 생활 수칙이다. 간단하게는 손 씻기부터 바퀴벌레와 같은 해충 방제 등 신경써야 할 일은 정말 많다. 그리고 간단한 일이든 어렵고 하기 싫은 일이든, 이 모든 과정은 각자가 알아서 해결해야 하는 과제였다.

이런 분야를 세스코가 사업화한 것이다. 세스코는 사실 30년이 넘는 역사를 가지고 있는 오래된 기업이지만, 급격히 성장하기 시작한 때는 음식점이나 카페에 위생 관리 서비스를 제공하면서부터이다. 그들은 많은 사람을 상대해야 하는 업소들이라면, 위생에 민감한 고객들을 안심시켜 줄 수 있는 통합관리 서비스에 관심을 가질 것이라고 생각했다.

세스코는 '세스코 존CESCO Zone'이라는 서비스를 개발하고 홍보를 시작했다. 3개월 이상 관리를 받은 고객 업소에 '세스코 존' 마크를 부착해 주는 서비스였다. 이 마크는 '세스코의 방제 서비스를 받고 있으므로 해충이 없는 깨끗한 곳입니다'라는 의미였다. 세스코는 최종 소비자들에게 자신들의 고객이 안심하고 이용할 수 있는 곳임을 보장해 줌으로써, 위생에 대한 신뢰도가 생명인 식당, 호텔 등으로부터 큰 호응을 받았다.

또 다른 예도 있다. 미국에는 3,000만 명 이상, 우리나라에는 2015년을 기준으로 138만여 명의 독거노인이 있다. 더구나 그 숫자는 계속 늘어나고 있는 추세이며, 그중 4분의 1 이상이 고독사 위험군에 속한다. 이렇게 어려운 상황에 있는 노인들의 건강과 안전을 정확하게, 그리고 큰 비용부담 없이 보살필 수 있는 방법은 없을까? 세상 모든 자녀들의 고민일 것이다.

하지만 현재 제공되고 있는 대부분의 서비스들은 각기 크고 작은 문제점들을 가지고 있다. 입주 도우미는 가장 확실한 방법인 반면 비용이 매우 비싸며, 부모님 댁에 비디오카메라를 설치하는 것은 사생활을 침해한다는 단점이 있다. 실버타운에서의 생활 역시 단체 생활에서 오는 불편함이 적지 않다.

콰이어트케어QuietCare는 이러한 문제에 대한 해결책을 개발해 냈다. 콰이어트케어의 솔루션은 정교한 무선 센서를 집안에 설치하는 것으로, 평소에 회원 개개인의 정상적인 행동 패턴을 파악해 뒀다가 이상 징후가 발견되면 전화나 문자, 인터넷을 통해서 즉시 보호자나 가족에게 전달된다. 이 방법은 무선 센서를 사용하므로 사생활 침해의 염려가 없고, 비용이 부담스럽지도 않다.

콰이어트케어는 GE와 인텔의 합작회사로, 원래는 계측 장비를 만드는 기업이었다. 그런데 자신들의 영역을 넘어서서 모니터링 전문회사와 데이터 분석 전문회사의 협업을 통해 이런 고차원의 복합 솔루션을 만들어 낸 것이다.

마지막으로 페덱스FedEx의 극적인 성공 스토리는 너무나 잘 알려져 있다. 비싼 가격이지만 빠르고 정확한 배송 서비스와 허브 앤 스포크Hub & Spoke 방식의 광대하고 효율적인 물류 시스템. 하지만 이런 내용을 담은 사업계획서를 대학교 학기말 리포트로 냈을 때는 나쁜 성적을 받았다는 얘기다. 허브 앤 스포크 방식은 미국 내 인구 분포를 따져 중심 지역에 화물 집결지인 허브를 만들고, 모든 화물을 일단 그곳으로 모은 다음 재분류 과정을 거쳐 자전거 바퀴살 모양으로 미국 전역에 배송하는 방식이다. 이 획기적인 방법에 대해, 당시의 지도 교수는 미국 북동부의 볼티모어에서 그리 멀지 않은 워싱턴으로 물품을 보내는 경우에도 중부의 허브를 경유해야 한다는 것을 이유로 C학점을 줬다고 한다.

미국 예일대 출신의 프레드릭 스미스_{Frederick W. Smith}가 페덱스를 창업한 때는 1971년, 그의 나이 겨우 27세였다. 그 전까지 소포 배달 서비스를 독점하고 있던 USPS_{U.S. Postal Service, 미국의 우정국}는 페덱스가 맹렬히 사업을 구축하고 있는 동안에도 이 시장을 애써 무시했다. 두 지점 간 최단거리 수송을 중시하던 당시의 분위기로서는 이해하기 어려운 내용이었던 것이다. 하지만 그 대가는 너무 컸다. 페덱스는 항공기 수와 화물 수송량에 있어 세계 최대의 항공사가 됐다. 창업 40주년인 2011년, 페덱스가 올린 매출은 40조 원을 넘어섰는데, 이것은 USPS가 잃어버린 시장이라고 할 수 있다.

페덱스의 성공은 우리나라의 택배 서비스, 그리고 퀵 서비스의 발전과 동일한 맥락에 있다고 보면 된다. 또한 초고속 인터넷의 발전, 2G에서 3G, 다시 LTE로 이어지는 이동통신 기술의 발전과도 유사한 면이 있다. 바로 '빠른 속도'에 대한 소비자의 니즈이다. 아무리 엄청난 규모의 투자가 필요할지라도 인류의 본성적 니즈를 추구하고자 하는 노력은 결코 멈추지 않을 것이다. 페덱스의 성공은 사람들의 본성적 니즈를 빨리 읽고, 서비스에 도입한 성과이다.

소비의 육하원칙을
분석하라

육하원칙의 법칙

어떤 사안에 대해 가장 완벽하게 설명하는 방법은 육하원칙을 이용하는 것이다. 따라서 고객 니즈 역시 육하원칙을 이용할 때, 가장 완전하게 분석할 수 있다. 이때 '완전한 설명'이란 중요한 요소를 하나도 놓치지 않는다는 의미. 그렇다면 육하원칙을 통해 중요한데도 불구하고 놓치고 있던 고객 니즈의 발견도 가능할 것이다.

고객이 당신의 제품을 소비하고 있는 상황을 육하원칙으로 구성해 보라. 뜻밖의 니즈를 발견할 수 있을 것이다.

시장에 있는 모든 고객이 똑같은 니즈를 가지고 있는 것은 아니기 때문에, 기업들은 시장 세분화를 통해 보다 정교하게 목표 고객을 선정한다. 이렇게 세분화된 시장 내의 고객들은 대체로 같은 니즈를 가진 것으로 간주된다. 하지만 현실이 꼭 그렇지만은 않다. 아무리 정교하게 세분화된 시장이라도, 고객의 특성은 조금씩 다르며 그에 따라 서로 다른 니즈를 가지기 때문이다.

그런데 고객 니즈는 개개인의 특성뿐 아니라 '소비 상황'에 따라서도 달라진다. 즉, 동일한 소비자 또는 고객이라고 할지라도 제품이나 서비스를 사용하는 시간과 장소, 목적에 따라 다른 니즈가 생긴다. 이와 같이 고객과 고객 니즈 사이에 소비 상황이 존재한다는 사실은 자주 간과되지만, 대단히 중요한 의미를 지닌다. 따라서 고객 니즈를 정확하고 정교하게 파악하기 위해서는 소비가 이루어지는 맥락을 체계적으로 분석할 필요가 있다. 고객과 고객 니즈를 다음과 같은 육하원칙의 요소에 따라 전체적 맥락에서 파악해야 한다는 뜻이다.

- 용도
- 시간
- 장소
- 방법

소비의 맥락에 대한 체계적인 분석은 눈에 쉽게 띄지 않는 다양한 고객 니즈를 발견하고, 여기에 상응하는 새로운 제품과 서비스를 개발할 수 있도록 돕는다.

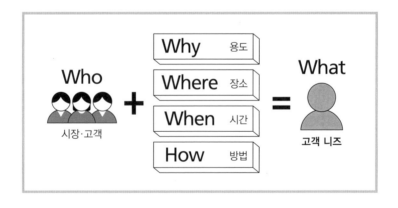

하이얼Haier은 2009년부터 2014년까지, 4년 연속 전 세계 백색가전 시장점유율 1위를 차지한 중국 최대의 가전업체이다. 하이얼은

고객들이 제품을 사용하는 방식을 좀 더 현실적으로 파악하기 위해 제품개발 담당 직원들을 시골 마을로 파견했다. 그들은 현장에서 놀랍게도, 전혀 상상하지 못했던 사용법을 발견했다. 고객들이 옷을 빨 때뿐만 아니라 채소를 씻는 데도 세탁기를 사용하고 있었던 것이다.

하이얼은 곧장 제품의 보완에 착수해, 옷가지와 채소 모두를 손상 없이, 그리고 깨끗하게 만들 수 있는 겸용 제품을 개발했다. 그 결과 하이얼은 중국 시골 지역에서 세탁기 시장점유율 1위 자리를 확보할 수 있었다.

중국의 세탁기 시장을 키우는 데 일등공신이었던 소형 세탁기를 출시한 것도 하이얼이 고객 수요를 철저히 연구한 결과였다. 하이얼은 세탁기 판매량이 여름철에 오히려 감소하는 현상에 주목했다. 자주 빨래를 해야 하는 여름에 세탁기 판매량이 줄어든다는 것은 언뜻 보기엔 이해할 수 없는 현상이었다. 알고 보니 가벼운 여름철 옷 몇 벌을 빨기에는 세탁기 용량이 너무 크다는 사실이 문제였다. 고객들이 물 소비가 많은 세탁기를 사용하기 부담스러워 했던 것이다. 그래서 1997년, 하이얼은 1.5kg급 소형 세탁기를 개발해 시장에 내놓았다. 덕분에 세탁기의 수요 기반이 넓어졌고,

여름철은 세탁기 판매의 비수기라는 인식도 사라졌다.

제품의 다양한 사용 목적에 착안한 또 하나의 성공 사례가 있다. 미국의 양초 제조회사인 블라이스BLYTH이다. 이 회사는 매우 다양한 용도의 양초를 개발해 판매하고 있다. 지금은 많이 달라졌지만, 특히 어른들의 경우 양초라고 하면 대부분 정전을 떠올린다. 양초의 주된 용도 역시 정전됐을 때 빛을 밝히는 것이라 생각한다. 하지만 블라이스는 양초가 우아한 식사, 친구들과의 파티, 생일이나 추수감사절 같은 기념일 등 수없이 많은 상황에서 사용될 수 있다고 생각했다. 예를 들어 양초를 친구들과의 파티(목적)에 사용한다면, 주로 주말 저녁(시간)에 테이블이나 식탁 위(장소)에 놓일 것이다. 이때는 양초 모양이나 색깔도 파티 분위기에 맞게 화려할 확률이 높다. 반면 명상(목적)을 할 때는 주로 늦은 밤(시간), 침실(장소)에서 단순한 모양과 색깔의 양초가 쓰일 것이다.

이러한 통찰의 결과, 블라이스는 미국 최대의 양초 회사가 됐으며 매출액은 무려 1조 원이 넘어서고 있다. 제품이 소비되는 다양한 목적에 착안해 매출을 증대시키는 데 성공한 예인 것이다.

이렇게 제품이나 서비스는 대개 사용 목적이 정해지고 난 다음,

그 목적에 따라 사용 시간과 장소, 그리고 방법이 정해진다. 즉, 목적이 우선 정해진 다음 나머지 요소들이 결정된다.

하지만 때로는 장소와 시간이 사용 목적을 결정하는 경우도 있다.

예를 들어 장시간 비행기로 여행할 때, 음악을 들으면서 조용히 생각을 하거나 책을 읽으며 시간을 보내고 싶은 경우가 있다. 보스Bose는 이럴 때를 위해 소음제거 기능이 있는 헤드폰을 개발했다. 외부 소음이 이어컵 내·외부에 위치한 마이크를 통해 감지되면, 이를 제거하는 원리로 만들어진 제품이다. 소음제거 기능의 전원을 켜면 순간 주변이 조용해지면서 비행기 자체의 소음뿐 아니라 어떤 소리도 들리지 않는다. 이 상태에서 음악을 틀면 사용자는 세상에 음악과 자신만 남아 있는 느낌을 받게 된다. 옆자리에 심하게 보채는 아이가 타고 있는 경우 역시 어떤 방해도 받지 않을 수 있는 것이다.

노보 노르디스크Novo Nordisk는 제품을 사용할 때의 불편함에 주목해 성공을 거둔 예이다. 당뇨병 치료에 필요한 인슐린은 위로 들어가면 소화 효소에 의해 분해돼 버리기 때문에 반드시 주사로 투여

해야 한다. 당뇨 환자는 인슐린 주사를 매일 한두 번씩 맞아야 하므로, 여러 가지 면에서 불편하고 고통스럽기 짝이 없다. 우선 아픈데다가 주사기를 통해 매번 정확한 양의 인슐린을 투여하기란 결코 쉽지 않다. 뿐만 아니라 환자 스스로 주사를 놓는 모습은 때때로 마약 중독자를 연상시킨다. 때문에 주위 사람들로부터 의혹의 눈길을 받아야 하는 불쾌한 상황도 발생한다. 평생 수만 번에서 많게는 수십만 번 인슐린을 주사해야 하는 환자의 입장에서는 큰 불편과 고통이 아닐 수 없다.

덴마크의 의약품 전문 기업인 노보 노르디스크는 환자들이 겪는 이러한 불편함에 주목해, 환자들이 쉽게 사용할 수 있도록 일주일 분량의 인슐린이 내장된 만년필 모양의 주사기 '노보펜'을 출시했다. 4년간의 연구 끝에 개발된 이 제품은 정확한 양을 투약하는 것도 가능하지만, 무엇보다 모양이 전혀 주사기 같지 않아 사람들에게 혐오감을 주지 않는다.

그 결과는 당연하게도 큰 성공이었다. 그들은 유럽과 일본의 당뇨병 환자 중 90% 가량을 고객으로 확보했다. 전 세계로 보면 당뇨병 환자의 55%에 해당하는 엄청난 성과였다. 이것은 업계 전체가 별다른 기술적 진전 없이, 인슐린의 순도 경쟁에만 매달리고 있을 때 '고객이 불편함을 느끼는' 상황적 요소에 착안해 혁신적인 디자인 변화로 새로운 시장을 개척한 결과이다.

　이후 이 회사는 유사한 제품으로 추격해 오는 경쟁 회사들을 따돌리기 위해 주사 바늘을 더 짧고 가늘게 만드는 데 주력했다. 그들이 개발한 길이 6㎜, 직경 0.23㎜의 주사바늘의 경우, 환자 10명 중 7명이 거의 아픔을 느끼지 않는 수준이다.

THE 25 LAWS OF
BUSINESS INNOVATION

팔리는 상품 끌리는 브랜드

제품이나 서비스를
고객 니즈와 연결해서 세분화하라

동시세분화의 법칙

차별화는 기능, 성능, 디자인 등 제품의 속성을 바꾸는 경쟁 전략이다. 하지만 제품의 구조를 바꾸는 전략도 있다. 즉, 제품을 세분화하는 전략이다. 제품을 세분화한 다음 그 구성요소를 더하거나 빼거나 바꿈으로써 완전히 새로운 제품을 만드는 것이다.

이때 중요한 것은 제품 세분화의 결과가 고객 니즈에 부합해야 한다는 사실이다. 따라서 고객과 제품을 동시에 세분화할 때 최적의 해답을 찾을 수 있다.

모든 고객은 각각 다른 특성을 지닌다. 때문에 하나의 기업이 여러 가지 유형의 고객들을 모두 만족시킬 수는 없다. 그래서 기업들은 고객을 세분화해 보다 좁게 정의된 타깃을 정한다. 이때 고객을 세분하는 기준으로 고객 니즈가 적용되기도 한다. 따라서 고객과 고객 니즈의 세분화는 대부분의 기업에게 매우 익숙한 작업이다.

그런데 이때 제품이나 서비스는 이미 정해져 있는 '주어진 것'으로 가정하고 세분화의 대상으로 삼지 않는 경우가 많다. 즉, 서로 부합돼야 할 수요와 공급이라는 두 측면 중에서 공급 측면인 제품이나 서비스는 그냥 둔 채로 수요 측면인 고객과 고객 니즈만을 조정하는 것이다. 당연한 얘기지만 사업 기회는 수요와 공급이 만나는 지점에서 생겨난다. 따라서 수요와 공급 중 한쪽을 고정해 놓고, 다른 한쪽만을 조정하는 반쪽짜리 전략은 성공하더라도 제한적일 수밖에 없다.

제품이나 서비스도 세분화의 대상으로 보고 고객의 수요에 맞게 조정한다면, 새로운 제품이나 서비스를 개발할 수 있는 가능성이 열리게 된다.

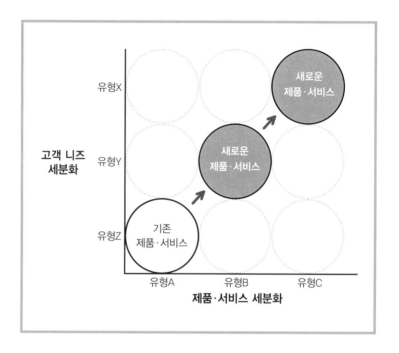

미국에서는 병원에 가야할 때, 예약을 하고 며칠씩 기다려야 한다. 약속된 시간에 도착했다 하더라도 장시간을 대기해야 하는 불편함 역시 다반사이다. 병원의 프로세스가 진단과 치료에 복잡한 절차와 긴 시간을 필요로 하는 중증 질환을 기준으로 설계되어 있기 때문이다. 당연히 콧물이나 기침, 두통과 같은 가벼운 증상의 환자들에게는 불편할 수밖에 없는 절차이다.

미닛클리닉Minute Clinic은 고객들이 이런 불편함을 겪는 상황을 사업 기회로 포착했다. 그리고 복잡하고 거대한 전체 병원 시스템 중에서 단순 질환의 치료를 위해 필요한 요소만을 분리해서 진료 서비스 체계 전체를 새롭게 설계했다. 지금까지와는 완전히 다른 병원을 만들기 위해서였다. 우선 미닛클리닉은 사람들이 방문하기 편리한 장소 즉, 주택가 근처 슈퍼마켓이나 약국 안에 진료소를 설치했다. 그리고 별도의 예약 없이 편리하게 진료를 받을 수 있도록 신속하고 표준화된 서비스를 제공했다. 직장인의 편의를 위해 평일 아침 일찍이나 저녁 늦은 시간, 주말에도 운영했다.

역발상의 성과는 대단했다. 2000년 3월 창업된 미닛클리닉은 2006년 9월, 미국의 약국 체인인 CVS에 매각됐는데 당시의 사업적 가치는 무려 1억 7,000만 달러에 이르렀다.

또 다른 예를 살펴보자. 정수기는 이제 모든 가정의 필수품이다. 그런데 정수기들은 모두 수도꼭지에 연결돼 특정 장소에 고정돼 있다. 만일 정수기를 원하는 곳으로 쉽게 이동시킬 수 있다면 얼마나 편리할까? 식탁이나 거실 탁자 위에 정수기가 있다면 물을 가지러 매번 자리에서 일어나야 하는 불편함을 줄일 수 있을 것이다.

브리타Brita는 바로 이런 생각에서 개발된 제품이다. 쉽게 들고 다닐 수 있는 주전자 모양의 물병에 작은 필터를 장치해서, 깨끗하고 맑은 물을 만들어 내는 것이다. 주전자의 윗부분에 물을 담으면 필터를 통과해 정수된 물이 주전자의 아래 부분에 고이게 되는 방식이다.

가격도 기존 정수기 10분의 1 정도로 저렴해서, 경제적인 부담 역시 획기적으로 줄였다. 우리나라의 경우에도 정수기 임대료만 월 3만 원이 넘는 경우가 많고, 얼음 제조와 냉수 기능이 추가된 정수기는 전기료 또한 월 1만 원 이상 더 든다. 이에 비해 브리타는 개당 5,000원 정도의 필터기 비용이 들 뿐이다. 이렇듯 고객니즈에 맞게 제품의 구조를 세분화한 결과, 기존 제품에 비해 이동성, 만족스러운 품질, 저렴한 가격의 삼박자를 모두 갖춘 상품이 만들어졌다.

고객의 고객을 보라

간접고객의 법칙

고객의 주문 정보는 유통 → 생산 → 구매로 전달되면서
왜곡되고 확대되는 현상이 일어난다. 소위 말하는 채찍효과
Bullwhip Effect이다. 이런 현상은 고객 니즈에 대해서도 동일하게
일어난다. 원료나 부품 생산 업체들이 최종 고객의 니즈와
단절되는 것이다.

해결 방안은 무엇일까? 각 기업이 자신들의 전문 분야에 대한
최종 고객의 니즈를 직접 연구하고, 그 결과를 최종 제품으로
반영시켜 나가면 된다. 최종 고객을 모든 것의 출발점에 놓는
새로운 관점이다. 당연히 새로운 기회가 보일 수밖에 없다.

고객은 모든 기업에게 가장 중요한 존재이다. 사업의 성패가 바로 그들에게 달려있기 때문이다. 그래서 원재료나 부품을 생산하는 B2B 기업들은 공동 R&D나 재고 정보의 공유 등을 통해 자신들의 고객인 완제품 제조 회사와 매우 긴밀한 협력 관계를 유지한다.

그런데 만일 원재료나 부품을 공급하는 회사가 협력의 범위를 훌쩍 확대해 자신들의 고객의 고객, 즉 완제품의 최종 사용자에 대한 통찰을 갖추게 된다면 어떨까? 그래서 그들의 직접적인 고객인 완제품 제조 회사가 보다 향상된 제품이나 고객 서비스, 또는 보다 뛰어난 비즈니스 모델을 개발할 수 있도록 돕는다면 어떨까? 원료와 부품에 대한 전문성과 최종 사용자 고객에 대한 통찰이 결합된다면 그야말로 극대화된 시너지 효과를 얻을 수 있다. 비용 절감이나 납기 준수와는 그 가치를 비교할 수 없는 새로운 서비스와 사업 기회를 발굴할 수 있는 것이다.

약간은 과장돼 보일 수 있는 이 가정은 이미 현실에서 실행에 옮겨지고 있다. 다음은 그 실제 예들이다.

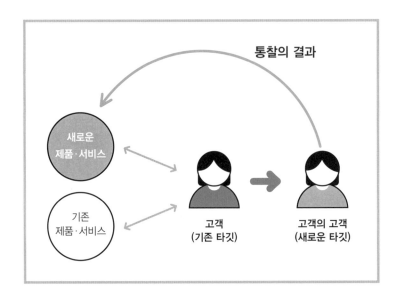

통찰의 결과

새로운
제품·서비스

기존
제품·서비스

고객
(기존 타깃)

고객의 고객
(새로운 타깃)

신용카드 회사나 통신 회사들은 고객들에게 매달 청구서나 사용 명세서를 발송한다. 즉, 1년이면 최소한 열두 번 고객과 대면할 수 있는 기회를 가진다. 하지만 대부분은 획일적이고 볼품없는 디자인에 숫자와 문자가 단조롭게 나열돼 있을 뿐이다.

캐나다의 심코어Symcor는 청구서와 명세서의 인쇄와 발송을 대행해 주는 회사로, 이렇게 평범한 청구서를 고객 회사들을 위한 유용하고 매력적인 마케팅 툴로 변모시켰다. 디자인 전문 회사와 손잡고 청구서의 디자인과 폰트, 색상을 고객 회사의 사업에 맞게 꾸

떴으며, 청구서를 받는 개인들 즉, 신용카드 회사나 통신 회사 고객의 특성에 꼭 맞는 메시지를 담은 것이다.

또한 이메일로 발송되는 청구서의 경우에는 발송 회사와 그들의 고객이 쌍방향으로 커뮤니케이션 할 수 있도록 온라인 시스템을 구축해, 수집된 고객 데이터를 그들의 고객 회사에 충실히 제공했다.

이를 위해 심코어는 이미지 아카이빙Image Archiving, VDPVariable Data Printing, 데이터 분석Data Analytics 기술을 개발했다. 이 중 가장 중요한 기술인 VDP는 텍스트, 그래픽, 이미지 등의 정보를 개별 페이지마다 다르게 인쇄할 수 있는 기술이다. 즉 인쇄의 대량 맞춤 생산, 매스 커스터마이제이션Mass Customization을 가능하게 하는 기술인 것이다. 이 작업은 100% 자동으로 이루어지므로 공정 속도가 기존보다 느려지지 않는 엄청난 강점도 가지고 있다.

심라이즈Symrise는 식음료 회사에 향료를 공급하는 거대한 B2B 기업이다. 연간 매출액이 2조 5,000억 원(18억 3,000유로)을 넘는 이 회사의 독특한 강점은 고객 기업에게 단순히 우수한 품질의 향료를 공급하는 것을 넘어서서 고객의 고객, 즉 식품이나 음료의 최종 소비자에 대한 통찰력을 가진 데 있다.

심라이즈가 기울이는 노력은 매우 다양한데, 그 핵심에는 '심라이즈 향료 디자인 클럽Flavor Designers Club'이 있다. 이 클럽은 800명 정도로 구성돼 있는데, 그들은 5,000명이 넘는 지원자들 중에서 엄격히 선발되며 활동 기간 동안 심라이즈에 의해 세심하게 관리된다. 그들이 제공하는 의견을 신뢰할 수 있는 이유이다.

뿐만 아니라 심라이즈는 향료를 중요하게 사용하는 음식의 전문가들 즉, 일류 레스토랑의 주방장들이나 칵테일 예술가인 믹솔로지스트Mixologist들과의 협업을 통해 향료의 혁신적인 적용 방안을 연구하고 있다.

연구와 협업의 결과는 새로운 향료의 프로토타입이다. 연구가 계속됨에 따라 프로토타입들 역시 지속적으로 축적돼 간다. 심라이즈는 이 정보를 가지고 고객 기업들에게 새로운 제품의 개발을 선제안pre-proposal함으로써 매출을 꾸준히 증가시킴과 동시에 경쟁사에 대비한 차별적 우위를 점할 수 있었다. 그들의 고객인 식음료 회사들의 사업 성과 또한 높아졌음은 물론이다. 연구에 따르면, 맛을 구별하는 데 코가 90% 역할을 담당한다고 한다. 향료가 식음료 산업에서 차지하는 비중이 그만큼 큰 것이다.

개별 기업이 아니라
산업 전체를 조망하라

산업 니즈의
법칙

산업에 참여하는 개별 기업들은 각자의 전문 분야에 몰두하고, 이익에 전념한다. 따라서 산업 전체로 보면 필연적으로 사각지대가 발생하게 된다. 각 기업을 관통하는 것, 각 기업을 이어주는 것, 여러 기업이 공동으로 사용하는 것 등이 주로 그 사각지대에 놓인다. 이 문제들은 매력적인 사업 기회가 아닐 수 없다. 개별 기업의 니즈가 아니라 전체 산업의 니즈를 보는 것. 새로운 사업 기회를 발견할 수 있는 중요한 관점의 전환이다.

B2B 사업은 개별 기업을 고객으로 한다. 그런데 B2B 기업이 고객으로 산업 전체를 조망하게 되면, 기존과는 완전히 다른 새로운 사업 기회를 포착할 수 있다. 개별 기업과 산업 전체는 서로 전혀 다른 니즈를 가지고 있기 때문이다.

개별 기업은 경쟁사와의 차별화, 경쟁 역량의 강화를 가장 큰 목표로 하지만, 산업 전체의 관점에서는 전반적인 효율성 향상과 유기적 운영이 무엇보다 중요하다. 여기에서 '산업 전체가 효율적이고 유기적으로 운영된다'는 것은 산업 전체가 마치 하나의 회사처럼 운영되는 상황이라고 할 수 있다. 좀 더 구체적으로 살펴보면 다음과 같은 내용으로 나누어 볼 수 있다.

- 기업 간 거래의 원활한 중개
- 정보나 설비, 시스템의 공동 사용
- 표준화된 업무 프로세스와 운송 도구의 사용

이와 같이 전체 산업이 필요로 하는 것에 관심의 초점을 맞추면 기존과는 전혀 다른, 그리고 규모도 훨씬 큰 사업 기회를 발견할 수 있다.

신용카드는 우리의 일상생활을 무척이나 편리하게 만들었다. 당장 돈이 부족한 경우에도 물건을 살 수 있는 것은 물론, 현금을 일일이 소지하고 다니면서 거스름돈을 주고받아야 하는 번거로움을 완전히 없애 줬다.

그런데 이런 편리함의 배경에는 어마어마한 규모의 인프라 시스템이 존재한다. 신용카드 네트워크Credit Card Network라고 불리는 시스템인데, 비자나 마스터카드와 같은 회사들이 이에 해당한다. 이들의 역할은 카드 사용자와 가맹점 사이에서 거래를 중개하고 정산하는 것이다.

카드 가맹점과 고객 사이에 카드 거래가 이뤄질 때는 그 이면에 대금정산이라고 하는 대단히 번거로운 절차가 생기게 된다. 고객들이 제시하는 다양한 카드 발행기관, 즉 수많은 은행 또는 카드회사와 일일이 대금을 정산하는 것은 비용 측면에서는 물론 효율성 측면에서도 불가능에 가깝다. 또한 고객이 외국인인 경우에는 국제 간 정산이 이루어져야 하므로 문제는 더욱 복잡해진다. 결국 이런 문제점들이 신용카드 네트워크 사업이라는 아주 매력적인 기회가 됐다. 2013년 기준, 전 세계 주요 카드사들을 통한 구매 금액은 7,000조 원, 이를 통해 카드사들이 벌어들이는 수수료 수입은 190조 원이 넘는다.

'세이버Sabre'는 세계 최초로 항공 업계 전체를 위해 사용된 컴퓨터 예약 시스템이다. 세이버가 사용되기 시작한 1976년 이전에는 여행 대리점들이 고객의 예약 관리를 전화나 텔렉스에 의존하고 있는 상황이었다. 그러다 보니 정확성도 낮았고, 속도 또한 느려서 불편하기 짝이 없었다. 대부분의 여행 대리점들은 규모가 크지 않았기 때문에, 각 항공사의 예약 시스템에 맞춘 컴퓨터 단말기를 항공사의 수만큼 각각 갖출 수 없는 상황이었다.

그러나 아메리칸 항공이 원래 자신들이 사용할 목적으로 개발한 세이버를 산업 전체에 개방함으로써 문제는 단번에 해결됐다. 하나의 프로그램으로 다른 항공사들의 좌석도 모두 예약 가능해졌기 때문이다. 산업 전체를 포괄하는 개방적인 시스템의 장점은 확연하게 드러났다. 우선 최종 고객인 여행객들은 여러 항공사의 항공편을 빠르게 조회할 수 있는 편리함을 누리게 됐다. 그리고 이것은 자연스럽게 세이버의 사업 확대로 귀결됐다. 여행객들이 세이버에 가입된 대리점을 선호하게 됨에 따라, 아메리칸 항공 역시 대리점 고객의 수를 급격히 늘려나가게 된 것이다. 뿐만 아니라 세이버는 다른 항공사의 좌석 예약 업무를 처리해 줌으로써 얻는 중개 수수료도 추가 수익원으로 확보하게 됐다.

사실 그들은 자신들의 항공편 빈 좌석이 화면 맨 위에 표시되도록 만들어, 티켓 판매의 우위를 점하고자 시스템을 개방했다. 그러나 결과적으로는 '정보나 설비, 시스템의 공동 사용'을 통해 새로운 비즈니스 모델을 개발한 것이 됐다.

컨테이너는 크기가 다른 여러 종류의 화물을 집적하기 위한, 표준화된 크기의 금속 박스이다. 그런데 이렇게 간단한 원리의 컨테이너가 전 세계 물류 시스템의 속도와 생산성, 그리고 정시성을 급격히 향상시키는 놀라운 결과를 가져왔다는 사실을 알고 있는가? 컨테이너는 우선 화물을 낱개가 아니라 일정한 크기의 박스 단위로 처리될 수 있도록 함으로써 선박과 트럭, 트럭과 트럭, 그리고 트럭과 물류 창고 간의 상·하차 업무를 기계화, 자동화해 물류 프로세스의 비용을 엄청나게 줄여줬다. 또한 컨테이너는 부두나 물류 창고의 하역 설비, 트럭의 규격을 표준화시켰고, 이는 '대량 생산에 따른 규모의 경제'를 통해 물류의 설비비용을 크게 낮춰주는 결과로 이어졌다. 컨테이너에 부착된 식별 번호는 화물의 위치를 시시각각 추적할 수 있도록 함으로써 화물의 정시 수송률 역시 크게 향상시켰다.

비용 절감과 정시성 향상은 또 다른 차원의 변화를 가져왔다. 비싼 운송비용으로 인해 해외 시장으로 수출되지 못했던 제품들이 컨테이너 덕분에 수출 경쟁력을 갖추게 됐고, 곧 국가 간의 교역이 증대되는 결과를 가져왔다. 즉, 제조업의 글로벌화가 촉진됐다. 표준화된 박스 하나가 일으킨 변화는 이렇게 놀라운 것이었다.

고객이 무엇을 살지 고민하고 있다면
찾아서 알려 줘라

제안의 법칙

THE **18** TH

LAW OF
BUSINESS INNOVATION

'마법의 수는 7±2개'라는 이론이 있다. 인간의 단기기억으로 저장할 수 있는 데이터의 수가 평균 5～9개라는 뜻이다. 만일 이 수량을 9개 이상으로 확 늘려주면 어떻게 될까? 매장의 진열 공간을 늘렸을 때처럼, 더 많은 품목에서 매출을 올릴 수 있다. 대형 마트와 백화점이 호황을 누리는 이유이다.

물건을 보면 일단 가지고 싶어 하는 것이 사람의 본성 아닌가? 고객이 인식하지 못하고 있던 니즈를 먼저 제안해 보자.

가끔 돈이 없어서가 아니라 '어떤 것이 좋은지를 몰라서' 물건을 사지 못할 때가 있지 않은가? 콘텐츠를 기반으로 한 제품들이 특히 그렇다. 전 세계에는 1억 3,000만 권의 책이 있고, 6억 곡이 넘는 노래가 있으며, 200만 개가 넘는 DVD 타이틀이 있다. 하지만 이 중에서 우리가 특정 순간에 기억할 수 있는 콘텐츠는 극히 일부이다. 기억할 수 없으니 살 수 없는 것은 너무나 당연하다. 콘텐츠 사업을 하는 기업의 입장에서 보면 엄청난 기회 손실이 아닐 수 없다.

그런데 이러한 기회 손실을 방지할 수 있는 방법이 생겼다. 제품의 목록을 디지털화한 후, 고객의 구매 패턴을 기반으로 관심 품목을 추천하는 방법이다. 즉 고객 간의 유사성, 또는 제품이나 서비스 품목 간의 유사성을 기준으로 해당 고객에게 새로운 품목을 추천하는 것이다. '파레토 법칙'의 반대이자, 80%의 비주류 상품이 20%의 핵심 소수보다 뛰어난 가치를 창출할 수 있다는 '롱테일 법칙'은 바로 이런 방법의 토대 위에 생겨난 이론이다.

다음은 '맞춤형 추천'을 통해 세상에 잘 알려지지 않은 비인기 품목의 판매에 성공한 예이다. 또한 이 방법은 오프라인 사업에서도 충분히 적용 가능하다. 컴퓨터에 의한 자동화에 비해 한계는 있지만, 영업 사원이 고객의 취향을 파악해 구매를 제안하거나 제품의 진열 방식을 바꿈으로써 고객의 눈에 쉽게 띄도록 하면 된다.

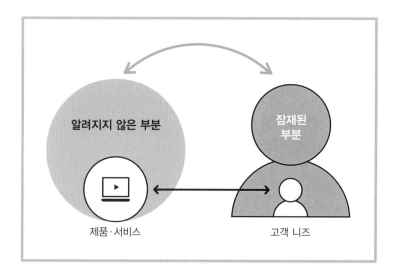

여러분들에게 보고 싶은 영화나 드라마 또는 뮤직비디오를 떠올려 보라고 했을 때, 금방 떠올릴 수 있는 타이틀은 몇 개나 되는가? 아마 30개가 넘지 않을 것이다. 머릿속에서 즉각 떠올릴 수

있는 데이터가 제한돼 있기 때문이다. 하지만 전 세계적으로 DVD 타이틀은 10만 개가 넘는다. 영화만 해도 전쟁, 로맨스, 모험, 수사물 등 여러 가지의 장르가 있고, 영화 이외에도 다큐멘터리나 뮤지컬 등 다양한 분야가 있다.

만약 고객의 취향에 맞춰 다양한 타이틀을 추천해 준다면 추가적인 매출을 올릴 수 있는 것은 물론 고객의 즐거움을 배가시킬 수 있지 않을까? 넷플릭스Netflix는 이런 점에 착안해 고객의 취향에 따라 자동적으로 DVD 프로그램을 추천해 주는 시스템을 개발했다. 그 원리는 다음과 같다.

고객들은 넷플릭스에 가입한 후, 좋아하는 장르와 자신이 봤던 DVD 타이틀에 대한 평점을 입력한다. 이렇게 하면 시스템에 의해 생성된 추천 리스트가 제공되고, 고객들은 이 리스트에서 DVD 타이틀을 선택할 수 있다. 그 타이틀을 본 후에 다시 자신의 평점을 입력한다. 이런 과정들이 누적돼 DVD 타이틀에 대한 평점이 많아지면 많아질수록, 고객들의 취향에 보다 잘 맞는 추천 리스트가 생성된다. 10만 개가 넘는 방대한 목록 중에서 지금까지 모르고 있었지만, 자신의 기호에 꼭 맞는 타이틀을 추천 받을 수 있게 되는 것이다. 이로 인해 넷플릭스의 매출액이 크게 증가했음은 물론이다.

넷플릭스는 이 예측 시스템 덕분에 월마트와 같은 경쟁 업체의 저가 공격으로부터 고객의 이탈을 막는 효과도 얻었다. 평가가 누적될수록 자신의 취향에 더 정확하게 들어맞는 추천을 받게 되므로, 쉽사리 다른 곳으로 이동하지 않기 때문이다. 넷플릭스의 고객 유지율은 놀랍게도 95%가 넘는 수준이다.

아마존닷컴Amazon.com은 사업 초기부터 고객 맞춤 추천 서비스를 제공해 온 것으로 유명하다. 그들은 고객들의 도서 구입 이력을 데이터베이스에 저장한 후, 각자의 독서 취향을 분석해 관련 도서를 추천한다. 이때 독서 취향이 비슷한 다른 사람들의 구매 이력도 반영된다. 아마존닷컴은 이렇게 고객들이 관심을 가질 법한 책들을 추천해 잠재된 수요를 매출로 현실화시키는 큰 성공을 거뒀다. 고객의 입장에서도 미처 알고 있지는 못했지만, 필요했던 책을 발견할 수 있으므로 편리하다. 그래서 아마존닷컴의 경우 판매의 35%가 추천으로부터 발생한다.

아마존은 추천 서비스와 함께 책에 대한 독자들의 리뷰도 제공한다. 여기서 특이한 점은 부정적인 리뷰도 게재함으로써, 장점

일색의 광고가 알려 주지 않는 균형 잡힌 정보를 제공한다는 것이다. 고객들은 자신의 구매 결정에 보다 확신을 가지게 되며, 판매자인 아마존닷컴에 대한 신뢰도는 크게 향상된다. 상식적인 우려와는 정반대의 결과를 가져온 것이다.

플랫폼을 구축하면
사업 확장을 가속화할 수 있다

플랫폼의 법칙

핵심역량에 관한 논의는 주로 제품을 만드는 기술이나 노하우를 중심으로 이루어진다. 물론 핵심역량은 중요한 전략 도구이지만, 성장의 기반인 플랫폼을 제품으로 한정 짓는 결과를 낳는다.

하지만 성장의 기반은 제품 이외에도 많은 것이 될 수 있다. 고객에게 가까이 갈수록 플랫폼의 성공 가능성은 더욱 커진다. 브랜드 이미지, 고객에 대한 통찰, 고객과의 접점 등이다. 제품에 집중돼 왔던 관심의 범위를 확대해 비즈니스 플랫폼을 구축해 보자. 차별화에 의한 상대적 우위를 넘어선 지속적 성장의 기회가 펼쳐질 것이다.

비즈니스 플랫폼에 대한 정의는 매우 다양하다. 때로는 혼란스럽기까지 하다. 비즈니스 플랫폼을 정확하게 이해하는 가장 좋은 방법은 비즈니스 모델과의 관계를 실제 예로 살펴보는 것이다. 백화점 사업을 예로 들어 보자. 각 매장이 소비자에게 물건을 판매해 이윤을 달성하는 활동은 비즈니스 모델에, 다양한 매장이 입점해 비즈니스 모델을 실현할 수 있는 토대를 제공하는 백화점 그 자체는 플랫폼에 해당한다.

따라서 비즈니스 플랫폼은 '기업이 지속적으로 새로운 사업 기회를 창출해 나갈 수 있도록 만들어 주는 기반'으로 정의할 수 있다. 즉, 강력한 비즈니스 플랫폼을 구축하면 새로운 제품이나 서비스 등의 사업 확장을 보다 손쉽게 달성할 수 있다.

한 가지 흥미로운 사실은 비즈니스 플랫폼이 될 수 있는 요소가 매우 다양하다는 점이다. 다음과 같이 기업이 가치를 창출하는 전 과정에 걸쳐 존재한다고 할 정도이다.

- 기술
- 고객에 대한 통찰
- 고객과의 접점
- 브랜드

이와 같이 다양한 유형의 비즈니스 플랫폼이 존재한다는 것은 곧 사업을 성장시켜나갈 수 있는 방식이 그만큼 다양하다는 사실을 의미한다. 성장의 기회가 그만큼 풍부하다는 뜻이기도 하다.

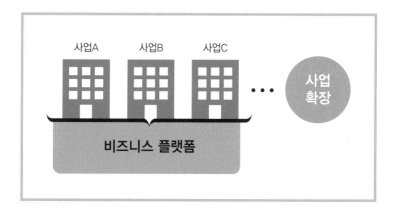

캐논은 핵심 기술을 비즈니스 플랫폼으로 삼아 사업의 지속적 확장에 성공한 예이다. 캐논의 핵심역량은 광학 기술이다.

이 회사의 사업은 지금으로부터 80여 년 전인 1937년, 후일 니콘이 될 회사에 카메라 렌즈를 납품하는 것으로 시작됐다. 이후, 캐논은 그들의 강점인 광학 기술을 기반으로 35㎜ 카메라를 자체 개발했고, 이어서 팩스, 프린터, 의료기기 등 새로운 제품을 지속적으로 출시하며 사업을 확장해 왔다. 2014년 말 기준, 캐논은 카메라와 복사기를 포함 7개의 사업 영역을 가지고 있으며 매출액은 35조 원에 이른다.

한편, 고객 통찰Customer Insights을 비즈니스 플랫폼으로 삼은 회사도 있다. 프랑스의 유제품 회사인 다농DANONE이다.

다농은 미국의 소비자들 사이에 '건강한 아침 식사'에 대한 관심이 점차 높아지는 반면, 이들을 위한 메뉴가 우유에 탄 시리얼이나 토스트 등에 한정돼 있다는 점에 주목했다. 이에 다농은 그간 간식용으로만 소비되던 자신들의 요구르트의 영양 성분과 소화 효소를 강화하고, 시리얼과 함께 포장해 아침 식사용으로 출시했다. 결과는 어떻게 됐을까? 대성공이었다.

이후 다농은 아침 식사에 대한 고객 통찰을 기반으로, 기존의 비스킷 제품 또한 아침 식사 메뉴로 용도를 확장함으로써 지속적인 성공을 이어나갔다. 다농은 2007년, 시리얼과 비스킷 생산 부문에서 세계 2위를 차지하는 등 큰 성과를 거두게 됐다.

코웨이는 고객과의 접점을 비즈니스 플랫폼으로 삼은 예이다. 코웨이에는 '코디'라 불리는 고객 서비스 요원들이 존재한다. 이들은 정수기를 판매한 후, 고객의 집이나 사무실을 정기적으로 방문해 정성 어린 서비스를 제공했다. 이는 자연스럽게 고객들과의 유대관계로 이어졌고, 코웨이만의 강력한 비즈니스 플랫폼이 됐다. 코디는 규모에서도 다른 경쟁사들의 방문판매 조직을 압도한다. 1998년, 80명이었던 코디는 2015년 기준 1만 3,000여 명으로 늘었다. 정수기 업계에서 2위 다툼을 벌이고 있는 청호나이스와 동양매직 등의 조직을 모두 합쳐도 코디의 숫자에 미치지 못할 정도이다.

이후, 회사가 계속적 성장을 위해 공기청정기 사업을 시작했을 때 코디들이 제품의 소개와 판매에 큰 역할을 했음은 물론이다. 그간 고객들과 쌓아온 친근한 관계, 서비스를 위한 정기방문의 기회를 신제품을 소개하고 권유하는 데 적극적으로 활용한 것이다.

이후로도 코웨이는 코디 조직을 기반으로 비데기 사업과 매트

리스 관리 사업을 새로운 사업 포트폴리오에 추가하고, 사업 영역을 계속해서 확장해 나가고 있다.

브랜드의 정체성을 비지니스 플랫폼으로 활용한 회사도 있다.

영국의 이지 그룹_{Easy Group}은 저가 항공으로 사업을 시작했다. 그들이 표방한 가치는 '가격 대비 최고의 가치_{More Value For Less}를 제공한다'는 실용성이었고, 결과는 대성공이었다. 이후 이지 그룹은 실용성을 표방하는 브랜드 이미지를 기반으로 렌터카, 호텔, 사무실 공간 임대 등과 같이 고객이 출장을 갔을 때 필요로 하는 다양한 서비스로 사업을 확장해 나갔다. 이들에겐 실용성이라는 브랜드 이미지가 사업 확장의 플랫폼이 됐다.

브랜드를 기반으로 한 이지 그룹의 사업 확장은 버진 그룹과 동일한 방식이지만, 두 그룹 사이에는 중요한 차이점이 한 가지 존재한다. 버진 그룹이 열정이나 모험과 같은 감성적인 이미지를 기반으로 한 데에 비해, 이지 그룹은 실용성이라고 하는 기능적 가치를 표방했다는 점이다.

트렌드의 시그널을
새로운 고객과 니즈로 해석하라

시그널의 법칙

THE **20** TH

LAW OF
BUSINESS INNOVATION

트렌드는 해마다 또는 계절마다 바뀌는 유행이 아니다. 뚜렷한 방향성을 가지고 진행되는 사회 전반의 변화이다. 따라서 기업의 입장에서는 예측보다 정확한 해석이 훨씬 더 중요하다. 왜냐하면 트렌드의 비즈니스적 시사점을 알아내야 하기 때문이다.

비즈니스적 시사점이란 트렌드가 만들어 내는 새로운 고객과 시장, 그리고 고객 니즈이다. 이것을 정확히 파악해서 자신의 역량과 결합한다면 새로운 사업 기회가 열리게 된다. 트렌드의 변화에 따른 사업 지형의 변화는 자주 찾아오지 않는, 절호의 사업 기회이다.

매년 말이면 그 다음 해의 소비자 트렌드에 관한 보고서가 봇물처럼 쏟아져 나온다. 하지만 대부분의 트렌드 예측은 과녁을 벗어날 뿐만 아니라 내용이 아주 모호하다. '진정성', '세대 공감', '자족' 등과 같이 의미가 너무 추상적이어서, 실체를 구체적으로 파악하기가 매우 힘들다.

따라서 트렌드 예측을 기반으로 사업을 시작하거나 새로운 제품이나 서비스를 개발하는 것은 쉽지도 않고, 좋은 결과를 얻기도 힘들다. 하지만 트렌드를 재빠르게 포착해 사업을 크게 성장시킨 기업들도 적지 않다. 그렇다면 이 둘 사이의 차이점은 무엇일까?

가장 결정적인 차이는 트렌드를 새로운 고객과 니즈로 해석해 내는 능력이라고 할 수 있다. 사회, 경제, 정치 등의 영역에서 일어나는 크고 작은 변동 그 자체가 아니라, 그 변동이 만들어 내는 새로운 수요, 즉 새로운 고객과 니즈를 찾아내는 능력에 성공의 열쇠가 있는 것이다.

그러면 어떻게 해야 트렌드의 시그널을 정확히 해석할 수 있을까? 가장 효과적인 방법은 트렌드가 만들어 낼 새로운 고객과 니즈가 무엇인지를 적극적으로 알아보는 것이다.

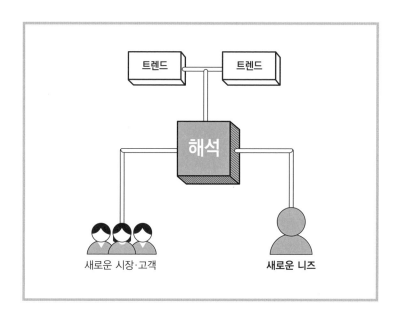

환경보호의 물결과 더불어 자연주의 제품에 대한 소비자의 관심이 점점 더 높아지고 있다. 그렇다면 이러한 트렌드를 활용해 성공할 수 있는 사업이 있을까? 순수 자연 원료를 사용한 제품이 가장 환영 받는 사업 영역은 무엇일까?

환경운동 단체인 그린피스의 대원이었던 아니타 로딕_{Anita Roddick}

은 이 질문에 대한 해답으로, 순수한 자연 원료만을 사용하고 포장재를 최소화한 화장품을 파는 더바디샵The Body Shop을 창업했다.

고객들의 반응은 창업자인 아니타 로딕의 예상을 훨씬 뛰어넘었다. 화학 성분이 첨가되지 않은, 순수한 자연 원료로 피부를 가꾸고 싶어 하는 여성들의 열망이 그만큼 컸던 것이다.

1976년, 영국에서 처음 문을 연 더바디샵은 이후 전 세계 시장을 상대로 연 50%에 이르는 빠른 성장을 계속했고, 2006년에 프랑스의 다국적 화장품 기업인 로레알으로 합병될 당시의 기업 가치는 자그마치 2조 원에 이르렀다. 그리고 더바디샵은 여전히 세계에서 가장 경쟁력 있는 화장품 브랜드 중 하나로서의 위치를 굳건히 지키고 있다.

우리나라의 1990년대 초는 중·고등학생들의 교복과 두발이 자유화되고, 용돈 또한 풍부해진 시기였다. 따라서 이들이 연예 상품의 중요한 소비 주체로 등장한 것은 매우 자연스러운 현상이었다. 미국의 인기 아이돌 그룹인 '뉴 키즈 온 더 블록New Kids on the Block'이 폭발적인 인기를 끈 시기도 바로 이때였다.

하지만 국내에는 10대 청소년들을 위한 연예 상품이 아직 존재하지 않는 상황이었다. '즐기고 노는 것은 대학교에 진학한 이후'라는 사회 관념이 지배적이었고, 모든 연예·오락 상품은 18세 이상을 대상으로 맞춰져 있었다.

SM 엔터테인먼트는 이런 트렌드가 만들어 낸 사업 기회를 포착하고 아이돌 그룹 'HOT'를 등장시켰다. HOT는 노래뿐만 아니라 춤, 외모를 겸비한 10대들로 구성돼 기존과는 확연히 다른 볼거리와 얘깃거리를 제공하며 큰 성공을 거뒀다.

SM 엔터테인먼트는 그 이후로도 보아, 소녀시대, 동방신기, 슈퍼주니어, 엑소 등의 인기 엔터테이너를 계속 발굴해 나가고 있다. SM 엔터테인먼트가 지속적인 성공을 할 수 있었던 또 다른 배경은 캐스팅, 트레이닝, 프로듀싱, 마케팅의 다양한 업무가 일관된 프로세스로 구축돼 있기 때문이다. 다양성이 전체 프로세스를 지배하기 쉬운 연예 산업에서 일관된 업무 프로세스를 확립한 것이 트렌드 해석의 일회적 성공을 넘어서서 계속된 성공을 낳는 기반이 된 것이다. 1989년 사업을 시작한 SM 엔터테인먼트는 소속 연예인들의 잇따른 해외 진출 등으로 2011년, 연예기획사 최초로 연매출 1,000억 원을 돌파했다.

가격의 지불 방식은 가격 자체의 변화만큼
강력한 효과가 있다

지불 방식의 법칙

THE **21** ST

LAW OF
BUSINESS INNOVATION

제품의 차별화가 힘들어질 때 기업은 가격 경쟁에 돌입한다. 하지만 결과는 비극적이다. 이익률이 하락하기 때문에 생존을 위한 고난의 여정을 계속할 수밖에 없다.

그렇다면 가격을 다른 방법으로 차별화하는 것은 어떨까? 즉, 가격을 내리는 대신 지불 방식을 바꾸는 것이다. 결과는 제품의 차별화와 동일하다. 시장점유율은 물론 이익률도 증가한다.

가격은 고객이 구매를 결정하는 가장 중요한 기준 중의 하나로, 최대 50%에 이르는 중요도를 가진다. 왜냐하면 가격은 고객이 편익을 얻는 대가로 제품이나 서비스와 교환해야 하는 돈의 양이기 때문이다. 그래서 기업들은 가격을 가장 중요한 경쟁 수단 중 하나로 삼는 경우가 많다. 대부분의 기업들은 가격을 내리는 방법을 택하고, 따라서 기업의 이윤은 크게 잠식당한다.

만약 가격을 올리거나 내리는 대신 다른 요소를 변경함으로써 고객이 느끼는 부담을 줄일 수 있다면, 기업은 이익을 훼손하지 않고도 매출 증대라는 목적을 달성할 수 있을 것이다. 그렇다면 목적에 맞는 '가격의 다른 요소'란 무엇일까? 바로 지불 방식이다. 가격의 지불 방식 역시 고객들이 민감하게 반응하는 요소이기 때문이다. 여기서 말하는 가격의 지불 방식에는 다음과 같은 다양한 유형이 있다.

- 지불 시기

- 지불 수단

- 지불 대상

- 지불 주체

다음은 이렇게 가격의 지불 방식을 변경함으로써 매출 증대에 성공한 사례들이다.

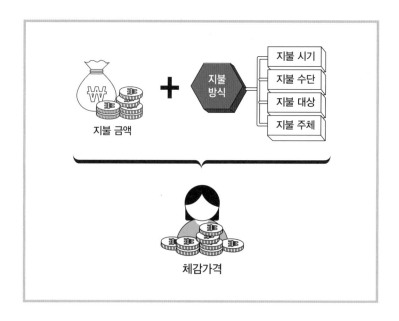

코웨이는 1997년 터진 외환위기로 설립된 지 불과 8년 만에 큰 위기에 직면했다. 그 해, 코웨이는 330억 원의 매출을 냈지만 11억 원의 영업 손실을 기록하며 적자기업이 됐다. 소비심리가 크게 위축돼, 당시 대당 100만 원을 호가하던 정수기를 사겠다는 소비자가 거의 없었던 것이다.

이때 등장한 렌털 사업은 위기에 빠진 코웨이를 구하는 데 크게 기여했다. 렌털 사업을 시작한 1998년, 코웨이는 30억 원의 영업이익을 내며 단 1년 만에 흑자 전환에 성공했다. 이듬해의 영업이익은 64억 원으로, 다시 두 배 이상 늘어났다. 이렇듯, 코웨이는 정수기를 렌털함으로써 1998년의 IMF 위기를 극복하고 매출을 오히려 큰 폭으로 증대시켰다. 이 렌털 모델의 핵심은 일시불로 목돈을 지불하는 대신 매월 일정 금액을 내고 제품을 빌려 쓰는 데 있다. 따라서 렌털 모델은 일시불에서 할부로, 즉 가격의 '지불 시기'를 바꿈으로써 고객의 경제적 부담을 완화해 주고 기업의 매출을 증대시키는 방법이다.

코웨이는 렌털 모델을 소개한 지 10년 만인 2008년, '페이 프리 PayFree'라는 새로운 지불 방식을 소개했다. 현금 대신 신용카드 포인트로 정수기의 값을 지불하는 방식이다. 즉, '지불 수단'을 현금에서 신용카드 포인트 바꾼 것이다. 페이 프리 서비스는 시작한 지 6개월 만에 가입자가 60만 명을 넘어서는 폭발적인 반응을 일으켰고, 이러한 성공에 힘입어 코웨이는 당시의 경제 위기 속에서도 매출과 영업이익을 오히려 증가시킬 수 있었다.

질레트_Gillette의 경우, 면도기의 몸체는 거의 공짜로 제공하다시피 하는 반면 면도날은 상대적으로 비싼 가격에 판매한다. 고객들로 하여금 상대적으로 저렴하게 샀다고 생각되는 몸체를 계속 사용하게 하면서, 면도날은 큰 부담 없이 자주 바꿔 쓰게 하는 것이다. 이런 전략에 따라 질레트의 R&D는 면도날의 개선에 집중돼 있다.

모두가 잘 아는 이 '훅 앤 베이츠_Hook & Baits, 낚싯바늘과 미끼 방식'은 가격 혁신 전략으로 면도기와 면도날, 프린터와 잉크 카트리지, 정수기와 필터 등, 우리 주변에서 매우 광범위하게 사용되고 있다. 이 방법은 돈을 지불해야 하는 대상을 비싼 본체에서 가격이 싼 대신 여러 번 구매해야 하는 소모품으로 바꿈으로써, 목돈을 지불할 때 고객이 느끼는 경제적 부담을 줄여주는 동시에 기업의 매출도 큰 폭으로 증대시킨다.

'지불 주체'에 초점을 맞춘 기업도 있다. 사니파레Sanifare는 독일의 고속도로인 아우토반의 휴게소에서 고급 화장실을 유료로 운영하고 있다. 누구나 무료로 쓸 수 있는 공중 화장실이 바로 옆에 있지만, 고급 유료 화장실이 인기 있는 이유는 깨끗하고 쾌적한 실내 환경 때문이다.

그런데 이 화장실의 이용객을 늘려주는 또 하나의 기발한 전략이 있다. 화장실 요금을 사용자가 아니라 주변 식당이나 카페가 지불하게 하는 것이다. 화장실 사용자가 주변의 식당에서 식사를 하거나 카페에서 차를 마시면, 지불해야 할 금액에서 화장실 사용료를 차감해 주는 방식이다. 이 방식이 효과 있는 이유는 고속도로 운전자들이 즐겨 찾는 사니파레 덕분에, 주변 식당이나 카페에서 역시 고객이 늘어나는 이점을 누리기 때문이다. 다시 말해, 지불 주체를 사용자가 아닌 다른 이해 관계자로 바꿈으로써 고객을 확보한 사례이다.

또한 독일의 기차역에는 맥클린McClean이라는 유료 화장실이 유사한 방식으로 사업 중이다.

새로운 측면에서 제품을 부각시키면
원조와의 경쟁에서도 이길 수 있다

관점 이동의 법칙

THE 22ND

LAW OF
BUSINESS INNOVATION

앉고 싶은 곳에 다른 사람이 먼저 와서 자리를 잡고 있으면
어떻게 해야 할까? 다른 자리로 가야 한다. 비즈니스에서는 그
자리가 멀리 떨어져 있으면 있을수록 유리하다. 기존 제품이나
서비스와 뚜렷하게 대비되며 고객의 관심을 집중시킬 수 있기
때문이다. 보호색을 통해 적의 공격으로부터 나를 지키는
것과는 정반대의 원리이다.

원조와의 경쟁에서 이기고 싶은가? 기존 제품이나 서비스와
멀리 떨어진 곳에, 자신을 매력적으로 위치시켜라.

선발주자First Mover의 이점은 대단히 강력하다. 첫인상이 좀처럼 바뀌지 않고, 첫사랑을 평생 못 잊는 것과 같은 원리이다. 따라서 후발주자Follower는 아주 불리한 위치에서 경쟁을 시작하게 된다.

선발주자의 이점이 문화나 전통 또는 특정 분야에 대한 전문성을 기반으로 하는 경우 후발주자는 더욱 불리해진다. 선발주자가 단편적인 기능상의 우위를 차지하고 있거나 세부적인 특징을 가진 것이 아니라, 포괄적이고도 깊은 영역에서 고객의 마음을 점하고 있기 때문이다. 우리 주변에서 제품의 정통성을 둘러싼 원조 경쟁이 치열하게 벌어지고 있는 것도 바로 여기에 이유가 있다.

하지만 이런 경우에도 선발 주자와의 경쟁에서 이길 수 있는 방법이 있다. 바로 고객의 마음속에 제품이나 서비스와 관련된 새로운 가치나 이미지, 또는 기준을 설정하는 것이다. 즉 선발주자와 멀리 떨어진 곳에 그 제품의 아성보다 더 매력적이고 강렬한 이미지의 성을 지으면 된다. 상대방에게 유리한 기존의 싸움터를 벗어나 새로운 싸움터로 옮기는 일과 같다.

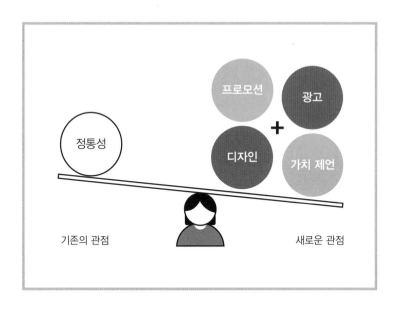

보드카의 원산지는 러시아지만, 아이러니하게도 세계에서 가장 많이 팔리는 보드카는 스웨덴 산인 '앱솔루트_{Absolut Vodka}'이다. 이 회사는 1979년, 처음으로 수출을 시작해 10년도 되지 않는 기간 동안 매출액을 1,000배 이상 성장시키는 놀라운 성공을 거뒀다. 무색무취가 원칙인 보드카, 그래서 제품의 차별화가 거의 불가능한 상황에서 앱솔루트 보드카가 원산지 기업들을 이긴 비결은 무엇일까?

앱솔루트 보드카의 성공 비결은 이 술을 단순한 알콜 음료가 아니라 시대를 앞서가는 세련된 문화 코드로 재정립한 데 있다. 앱솔루트 보드카의 전략을 가장 잘 드러내는 것은 파격적이고도 예술적인 광고 캠페인이다. 앤디 워홀의 미술 작품, 레몬을 삼킨 초록색 뱀, 패션의 최첨단을 걷는 세계의 도시들…. 앱솔루트 보드카의 광고는 미술, 조각, 디자인, 패션 등 다양한 테마를 통해 세상의 모든 것에 대한 강렬한 메시지를 던지고 있다.

또한 앱솔루트 보드카가 시도한 마케팅 캠페인의 중심에는 멋진 디자인의 병이 자리하고 있다. 병 모양을 모던하고 세련되게 바꿈으로써 제품 그 자체를 넘어선 또 하나의 경쟁 수단을 개발한 것이다.

뿐만 아니라 앱솔루트는 예술가들과의 협업을 통해 미술 작품 전시 공간을 지원하고, 특별히 훈련된 바텐더들이 만든 보드카 칵테일로 근사한 파티를 여는 '아트 바' 행사도 개최하고 있다. 이렇듯 앱솔루트 보드카는 광고, 제품 디자인, 이벤트 같은 다양한 수단을 통해 제품의 핵심 가치를 자신들에게 유리하게 바꾼, 탁월한 성공 사례이다.

앱솔루트 보드카와 관련된 재미있는 이야기가 또 있다. 1970년대, 알코올 소비량을 줄이려고 노력했던 스웨덴 정부의 조치가 앱솔루트 보드카로 하여금 해외 시장으로 눈을 돌리게 했다는 것이다. 국내 소비가 줄어드는 절대적 위기 상황이 획기적인 아이디어를 통해 다국적기업으로 도약할 수 있는 기회를 마련해 준 셈이다.

'침대는 가구가 아닙니다. 과학입니다'라고 광고했던 에이스 침대는 어떤가? 에이스 침대는 이 광고 카피로 시몬스나 썰타Serta 같은 해외 유명 회사를 제치고 2015년, 현재까지도 국내 시장점유율 1위를 차지하고 있다. 이것은 표면적인 매출 실적만으로는 충분히 설명할 수 없는 어마어마한 성과라고 할 수 있다. 침대의 원조가 아닌 우리나라의 국내 기업이, 그것도 외제를 특별히 선호하는 소비자들의 기호를 극복하고 시장점유율 1위의 자리를 차지한 것이기 때문이다.

에이스 침대가 성공할 수 있었던 것은 소비자들의 머리에 침대에 관한 새로운 개념, 즉 가구가 아닌 과학으로서의 침대를 인식시키는 데 성공했기 때문이다. 제품 그 자체가 아니라 제품의 콘셉트를 이용한 새로운 가치제안Value Proposition으로 매출을 증대시킨 사례이다.

뿐만 아니라 이 캠페인은 소비자들의 침대 구매 패턴을 바꿔 놓기도 했다. 당시 소비자들은 구매의 편의성과 인테리어 효과 등을 이유로 여러 가구를 일괄적으로 구매하는 경우가 많았다. 그러나 이 광고 이후 소비자들은 침대가 일반적인 가구와 달리 과학적으로 인체에 맞게 만들어져야 한다는 인식을 갖게 됐고, 침대만큼은 별도로 신중하게 구매하기 시작했다.

이후 에이스 침대는 'S라인이 살아난다'라는 광고로 몸매를 중시하는 새로운 트렌드를 반영하는 등 계속해서 새로운 가치제안을 만들어 내고 있다. 또한 2015년에는 광고 카피를 '침대는 에이스다'로 교체하며, 브랜드의 자부심과 프리미엄 이미지를 강화 중이다.

상식을 뛰어넘는 서비스를 더하면 범용재도
고부가가치 솔루션으로 만들 수 있다

가치융합의 법칙

THE 23RD

LAW OF
BUSINESS INNOVATION

차별화는 상대적 우위를 점하기 위한 수단이다. 하지만 범용재를 판매하거나 유사한 기술 수준을 가진 회사들과 경쟁하는 상황에서는 차별화의 가능성이 매우 희박하다. 그렇다면 고객들에게 어필할 수 있는 방법은 무엇일까? 상대적인 것이 아닌 완전히 새로운 차원의 가치를 제공하는 것이다. 이는 기존 제품과 새로운 가치, 예를 들면 서로 다른 기능이나 속성을 융합시킬 때 가능해진다. 단, 이때의 가치는 고객이 필요로 하는 것이어야 한다.

상대적 우위를 차지하기 힘들 때는 차원을 달리하는 승부가 답이다.

범용재Commodity란 산업 전체적으로 기술이나 품질의 발전이 정체돼 있고, 기업마다 수준이 평준화돼 뚜렷한 차별화가 불가능한 제품을 의미한다. 따라서 가격이 중요한 경쟁 수단이 되며, 이윤율은 그만큼 낮아지게 된다. 기업들에게는 정말 힘든 상황이 아닐 수 없다. 이런 경우에는 M&A를 통해 몸집을 불리고 매출을 늘려도 이윤율이 크게 높아지지 않는다.

한편 첨단기술 제품 업계에서 수위를 다투는 기업들도 경쟁력이 비슷해 제품의 우열을 가리기 힘든 경우가 있다. 이때도 제품 자체의 차별화는 유효한 경쟁 수단이 되지 못한다.

그러나 뚜렷하게 차별화하기 힘든 제품의 경우에도 고부가가치 제품으로 업그레이드할 수 있는 방법이 있다. 바로 고객이 필요로 하고, 중요하게 생각하는 서비스를 부가적으로 제공하는 것이다. 그중에서도 제품의 원래 기능 또는 사업의 기존 영역을 넘어서는 새로운 융합 서비스를 제공할 때 효과가 가장 크다. 즉 제품의 설치나 유지보수와 같은 종속적 서비스를 넘어서서 제품 자체의 가치를 확장할 수 있는 수평적이고 융합적인 서비스를 제공하면 된다.

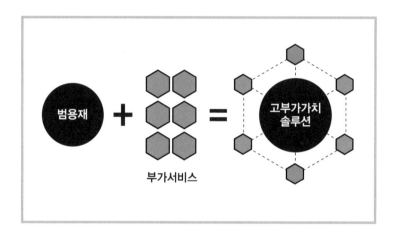

GE 플라스틱은 플라스틱 사출물의 원료로 쓰이는 레진Resin을 만드는 회사이다. 레진은 완벽한 범용재로, 제품 자체의 품질이나 성능으로는 차별화가 불가능하다. 따라서 경쟁은 오직 낮은 가격에 의존할 수밖에 없다. 이런 사업에서 경쟁 회사를 누르고 시장 점유율을 높일 수 있는 방법이 있을까?

GE 플라스틱을 곤경에서 탈출할 수 있게 한 질문은 다음과 같다. '고객이 우리의 제품을 구매하고, 상품으로 만들어 납품하는 전 과정에 걸쳐서 제품이 아닌 다른 방법으로 가치를 제공할 수 있는 방법이 있을까? 그리고 고객들의 업무 중에서 그들이 굳이 직접 할 필요가 없고, 심지어 우리가 더 잘 할 수 있는 일은 없을까?'

이런 고민 끝에 GE 플라스틱은 우선 제품의 개량을 통해 추가적인 가공작업 없이 사출만으로 다양한 색과 특수효과, 예를 들면 질감, 광택 등을 표현할 수 있도록 했다. 그리고 고객들이 사출물의 설계와 개발을 신속하고 편리하게 할 수 있도록 관련 프로토타이핑 서비스를 원스톱One-Stop으로 제공했다. 이런 작업은 사출 회사의 핵심역량이 아님에도 불구하고 이 회사들이 개별적으로 수행하고 있기 때문에 역량이 분산되고, 규모의 비경제에 의한 손실을 보고 있다는 점에 착안한 것이었다. 사출 회사들이 생산 과정에서 직접 색 작업을 하게 되면 생산 로트별로 일관성을 유지하기 힘들며, 성형 과정에서 특수효과를 제대로 내기도 매우 어려웠다. 특히 지리적으로 떨어진 여러 공장에서 생산 작업을 할 경우 이 문제는 더욱 심각했다.

이렇게 해서 GE 플라스틱은 단순한 레진 제조 회사에서 고객이 필요로 하는 서비스까지 통합적으로 제공하는 고부가가치 솔루션 기업이 됐다. 그 결과, GE 플라스틱은 무한의 경쟁이 펼쳐지는 범용재 시장에서 매년 20% 이상의 성장을 거두고 있다.

또한 GE는 뛰어난 디자인의 프로토타입 개발을 위해 디자인 전문회사와 협력했고, 플라스틱 사출업체, OEM 고객, 디자인 회사를 아우르는 프로세스 인티그레이터_{Process Integrator} 역할을 수행하고 있다.

건설 장비는 작업 환경이 가혹한 동시에 공사 일정을 준수해야 하기 때문에 생산성이 강하게 요구되는 제품이다. 따라서 성능 향상을 위한 기업 간의 경쟁은 치열할 수밖에 없다. 하지만 기술 발전이 더디게 진행되고 있어 제품의 성능을 둘러싼 업체 간의 경쟁은 더욱 심화되고 있다.

이런 상황에서 업계 2위의 자리를 차지하고 있는 코마츠_{Komatsu}는 기계적 성능에만 집중하는 대신 제품의 전반적인 가치를 늘리는 방향으로 경쟁의 차원을 바꿨다. 즉 제품의 수명은 늘리고 운영비용은 줄일 수 있는 고부가가치 서비스를 제공하는 새로운 경쟁 수단을 개발했다.

먼저 코마츠는 모든 제품에 GPS가 달린 계측 장비를 설치하고, 이를 위성과 연결해 제품의 가동 상황을 실시간으로 모니터링 할 수 있도록 했다. 그리고 이 데이터들을 정교하게 분석해 고객들에게 무료로 제공했다.

콤트랙스KOMTRAX, Komatsu Machine Tracking System라고 불리는 이 시스템은 장비의 이력 관리와 제어 기능을 포함하고 있다. 장비 이력 관리 기능이란 가동 시간, 장비의 위치, 작업 기록, 비정상적 가동, 연료 레벨, 작업 부하 등의 정보를 제공하는 것이다. 그리고 날짜나 시간대별로, 혹은 특정 지역 이외에서는 시동이 걸리지 않도록 지역별 잠금·제어기능도 제공한다.

이러한 기능 덕분에 기계의 불필요한 가동 시간은 줄어들고, 적시에 예방보전도 가능해졌다. 고객은 기계의 수명 증대와 운영비용의 축소라는 두 마리 토끼를 잡는 이득을 누릴 수 있게 됐고, 반응은 뜨거웠다.

팔리는 상품 끌리는 브랜드

현재는 사용하지 않는 자산도
훌륭한 경쟁력의 원천이 될 수 있다

활용의
법칙

공유 경제가 주목 받고 있다. 활용도가 떨어지는 물건을 다른 사람과 함께 공유해 자원 활용을 극대화하자는 것이다. 이 원리는 기업의 유휴 자원에도 적용할 수 있다. 현재 쓰지 않는 자원을 공유 대상으로 전환하고, 고객을 파트너로 초대하는 것이다.

고객을 거래 상대가 아니라 공유의 파트너로 생각해 보자. 완전히 새로운 가치를 만들어 낼 수 있다.

기업이 오랜 기간 동안 사업을 하다 보면 내부에 다양한 전문 지식과 노하우, 데이터 등이 축적된다. 중요한 빅데이터로 대두되고 있는 고객의 구매 이력도 그중 하나이다.

그리고 때로는 사업에 필요한 규모 이상의 과다 설비가 생기기도 한다. 이것은 생산성 향상의 결과일 수도, 경기 하락으로 인한 일시적 초과 공급 능력일 수도 있다. 그런데 문제는 대부분의 경우, 이런 자원들이 사업에 적극적으로 활용되지 못한 채 휴면 상태로 있다는 점이다.

이런 유휴 자원을 기업이 아니라 고객의 관점에서 보면 매우 다양한 가능성의 세계가 열린다. 아래 예시처럼 새로운 사업의 개척에서부터 효과적인 프로모션에 이르기까지 거의 무한에 가깝다.

- 새로운 사업의 개척
- 고객 서비스의 향상
- 브랜드 가치의 증대
- 효과적인 프로모션

이때 기업이 제공하고자 하는 것이 고객의 필요에 부합해야 한다는 점이 중요하다. 고객이 필요로 하지 않는 것, 즉 고객이 가치를 인정하지 않는 자원은 매출 증대에도, 경쟁력 제고에도 도움이 되지 않는다.

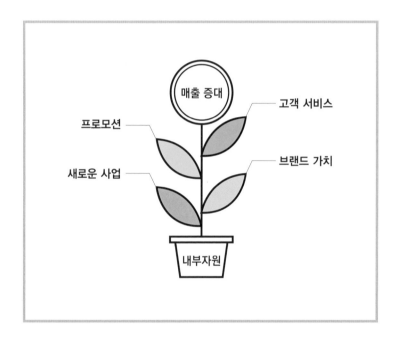

유휴 자원의 다양한 가능성이 실현된 예로, 우선 캐피탈 원Capital One을 들 수 있다. 캐피탈 원은 신용카드 회사이다. 그런데 이 기업은 카드 사용 수수료나 현금 서비스 수수료 같이 고유한 사업 영역에서 벌어들이는 것 외에 자동차 리스나 퇴직 연금과 같은 다른 종류의 상품 판매를 통한 수익이 전체 매출액의 40%를 차지하고 있다. 어떻게 이런 일이 가능할까?

캐피탈 원은 자신들이 가지고 있는 고객 데이터 즉, 고객의 구매 이력 정보를 활용했다. 우선 각 고객의 구매 품목과 금액, 그리고 구매 장소와 시점을 담고 있는 방대한 데이터를 분석해 각 고객의 특성에 맞는 상품을 파악해 냈다. 그리고 고객이 한도 금액이나 카드 사용 내역 등을 확인하기 위해 전화할 경우, 정보 시스템이 해당 고객에게 적합한 상품을 자동으로 추천하도록 했다. 콜센터 직원은 이런 정보를 바탕으로 자연스러운 판매 활동을 수행했다.

과학적인 데이터 활용의 결과는 눈에 띄게 나타났다. 일반적인 텔레마케팅의 판매 성공률이 통상 3% 미만임에 비해, 캐피탈 원의 상품 판매 성공률은 15%에 이르고 있다. 새로운 수익원이 개발된 것이다.

다음으로 살펴볼 사례는 트랜스월드 항공TWA, Trans World Airlines에 관한 것이다. 미국의 동부와 서부를 잇는 항공 노선, 예를 들어 샌프란시스코에서 뉴욕까지의 비행시간은 6시간이나 된다. 이렇게 긴 시간 동안 좁은 이코노미석에 앉아 있기란 여간 고통스러운 일이 아니다.

1970년대 말, 미국의 항공 산업은 극심한 불황에 시달리고 있었다. 전반적인 경기 침체로 여행객과 출장객의 수가 급격히 줄었기 때문이다. 많은 항공사들이 적지 않은 좌석을 비워둔 채 운항해야 했다. 하지만 트랜스월드 항공은 바로 여기에서 기회를 찾았다.

트랜스월드 항공은 빈 채로 운항되는 좌석들을 걷어내고, 좌석들 사이의 공간을 넓혔다. 사용되지 않고 남아있는 여유 설비Capacity를 고객 서비스의 향상을 위해 활용한 것이다. 항공기의 좌석은 재고로 남겨뒀다가 나중에 팔 수 없다. 그러므로 비행기가 일단 출발하면 무용지물이 된다. 트랜스월드 항공은 이러한 서비스업의 특성을 차별화의 무기로 활용했다.

시원하게 넓어진 좌석 공간으로 인해 고객만족도는 급격히 향상됐고, 장기간의 불황으로 인해 위기 상황에 있던 트랜스월드 항공은 회생에 성공할 수 있었다.

의학은 IT 못지않게 변화와 발전이 빠른 분야이다. 매일 같이 새로운 약과 치료기법이 쏟아져 나오고 있다. 그런데 환자의 치료에 전념해야 할 의사들이 관련 정보를 얻기 위해 여러 제약회사의 홈페이지나 수많은 의학 잡지를 일일이 찾아봐야 한다면 어떨까?

불편하기 짝이 없을 것이다.

세계 7위의 제약회사인 머크_{Merck}는 온라인 포탈인 '머크메디커스닷컴_{merckmedicus.com}'을 통해, 의사나 환자들이 필요로 하는 모든 의료 정보를 한 곳에서 손쉽게 찾아볼 수 있도록 하고 있다. 자신들의 연구개발 과정에서 축적해 온 최신 의약 정보를 무료로 공개하고 있는 것이다. 이 사이트에는 학술 자료뿐만 아니라 업계 뉴스, 진단 기법, 처치법 등에 관한 방대한 자료가 PDF, 팟캐스트, 동영상 등 다양한 형식으로 제공되고 있다. 그런데 이 서비스는 사용료를 받지도, 광고를 게재해서 수익을 얻지도 않는다. 또한 머크의 제품이라고 해서 특별한 대접을 하지도 않는다. 완벽한 객관성을 유지하고 있는 것이다.

이런 머크에 대해 의사나 환자들이 호감을 가지는 것은 당연하다. 또한 고객들은 머크가 의학기술의 선두에 있음을 자연스럽게 알게 된다. 결국 어떤 광고로도 쉽게 얻을 수 없는 브랜드 가치의 증대 효과를 얻고 있는 셈이다.

마지막으로 온 세상 사람들이 SNS를 하느라 손 안의 작은 스마트폰을 들여다보고 있을 때, 도시 한 가운데 있는 대형 광고판에 눈길을 준 회사가 있다. 멕시코에 본사를 둔 코로나_{Corona} 맥주가 그 주인공이다.

코로나 맥주의 이벤트 내용은 매우 단순했다. 고객들이 사진을 찍어서 그들의 페이스북에 올리면, 그날의 최고 인기 사진을 뉴욕의 타임스퀘어에 있는 대형 광고판에 띄워 주는 것이다. 그들은 고객들이 쉽게 참여할 수 있도록 사진 주제에 제한을 두지 않았고, 최고의 사진 역시 '좋아요' 획득 수로 정했다.

매우 단순한 아이디어였지만 효과는 폭발적이었다. 한 달 동안 20만 명이 넘는 사람이 참여한 것이다. 자신의 사진이 뉴욕 한복판의 대형 광고판에 나온다는 것은 상상만 해도 짜릿한 즐거움이 아닐 수 없다.

코로나는 2013년부터 2년 연속으로 미국의 수입 맥주 시장에서 시장점유율 1위를 달렸다. 맥주의 본산지인 유럽의 하이네켄_{Heineken}을 앞지르는 수치다. 코로나가 생산되는 멕시코는 맥주의 본산지가 아닐뿐더러 미국보다 소득 수준이 낮고, 지리상으로 미국의 아래에 있는 따뜻한 나라여서 맥주의 시원한 이미지와도 맞지 않는다. 코로나가 많은 불리함을 극복하고 최고의 시장점유율을 달성하게 된 데에는 이렇게 기발한 프로모션 전략이 큰 역할을 했다.

다른 기업의 자산도 우리 기업의 경쟁력을
강화하는 기반이 될 수 있다

차용의
법칙

THE **25** TH

LAW OF
BUSINESS INNOVATION

설비, 인력, 기술 등 한 기업이 '소유'할 수 있는 자원에는
한계가 있다. 하지만 '사용'할 수 있는 자원에는 제한이 없다.
다른 기업의 자원을 빌려 쓸 수도, 공유할 수도 있기 때문이다.
자원을 소유하는 것에서 관점을 확대해 다양한 자원을 빌려
쓰고 공유하는 방법을 생각해 보자. 경쟁력의 기반이 그만큼
넓고 다양해질 것이다.

핵심역량은 성공에 절대적인 역할을 한다. 아무리 좋은 사업 기회를 맞이하더라도 핵심역량을 기반으로 한 경쟁력을 갖추지 못한 상태라면 기회와 노력은 물거품이 되고 만다. 그래서 기업들은 핵심역량과 관련된 사업에 자원을 집중하도록 권유받곤 한다.

하지만 이 전략에는 한계가 있다. 가장 심각한 문제는 사용가능한 역량의 범위가 '자신이 가진 것'으로만 제한된다는 사실이다. 따라서 어느 정도의 상대적 우위를 넘어서서 고객의 기대를 뛰어넘고, 경쟁자의 예상을 따돌릴 수 있는 압도적인 전략을 구사하기란 매우 힘들다. 그렇다면 어떤 방법이 있을까? 해답은 외부의 자원을 폭넓게 활용해 기업의 핵심역량을 확장하는 것이다.

지금으로부터 2,500년 전, 중국의 손무도 《손자병법》을 통해 광범위한 연합으로 세력을 키우라고 조언했다. 비즈니스 생태계Ecosystem가 갈수록 중요해지는 것도 동일한 이유에서다. 핵심역량을 확장한 결과는 다음과 같이 업계의 기준을 뛰어넘는 성과의 향상으로 나타난다.

- 추가적인 수익원의 확보

- 비용의 획기적인 절감

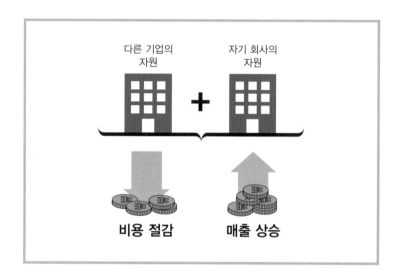

구글은 1년 매출액이 45조 원이 넘는 거대한 IT 기업이다. 그리고 잘 알려진 것처럼 매출액의 대부분은 광고 수익으로 이뤄져 있다. 안드로이드 앱 스토어에서 벌어들이는 부분을 제외하면, 전체 매출액의 90% 이상을 차지할 정도이다.

구글의 광고 서비스는 '애드워즈ₐdWords'와 '애드센스ₐdSense'로 이뤄져 있다. 우선 애드워즈는 검색 결과 페이지에 해당 검색어와 관련된 광고를 보여주는 방식으로, '콘텐츠를 통한 광고 수익'을 기반으로 한다는 측면에서 신문이나 방송 같은 전통적 미디어 사업과 동일하다. 다만 차이가 있다면 신문이나 방송은 기자 또는 PD가 콘텐츠를 직접 제작해야 하는 반면, 구글은 검색 엔진이 자동으로 '검색 결과'라는 콘텐츠를 만드는 것이라고 할 수 있다.

하지만 애드센스는 매우 독특한 면이 있다. 애드센스는 검색 결과를 클릭해 보이는 최종 콘텐츠에 광고를 게재한다. 당연히 이 콘텐츠는 구글이 제작한 것이 아니라 제3자의 지적 자산이다. 따라서 구글은 다른 사람이나 기업의 자산을 통해 매출을 벌어들이고 있는 것이다. 기발하지 않은가?

또 하나의 사례이다. 인도는 세계에서 무선통신 요금이 가장 싼 나라이다. 따라서 수익성이 극히 낮을 수밖에 없다. 하지만 이런 환경 속에서도 높은 수익성을 실현함으로써 통신 업계에서 1등을 차지함은 물론, 주식 시장에서의 가치 역시 재벌 기업인 타타~Tata~ 그룹보다 높은 회사가 있다. 바로 에어텔~Airtel~이다.

에어텔이 이처럼 높은 수익성을 실현한 비결은 두 가지 방법을 복합적으로 구사한 데 있는데, 첫 번째는 아웃소싱이다. 에어텔은 영업과 마케팅을 제외한 거의 모든 업무를 아웃소싱을 통해 진행하고 있다. 심지어 통신 회사의 가장 중요한 자산이라고 할 수 있는 통신 설비도 마찬가지다. 만일 에어텔이 기존의 업계 관행대로 통신 설비를 구매해 자기 자산으로 보유하는 방식을 택했다면, 통신 설비업자들은 되도록 많은 설비를 판매하고자 했을 것이다. 그리고 그들의 설득에 따라 에어텔이 과다 설비를 구입했다면, 그만큼 많은 운영비용이 발생했을지도 모른다.

두 번째는 아웃소싱의 대가 산정 방식이다. 에어텔은 전체 가입자의 실제 사용 시간에 비례해 통신 설비의 이용료를 지불했다. 과투자를 억제하기 위한 방법이었다. 설비의 실제 사용 시간에 대해서만 대가를 지불할 경우, 통신 설비업자들은 과다 설비를 제공할 이유를 상실하게 된다.

또한 에어텔은 IT 시스템과 콜 센터 서비스도 아웃소싱하고 있다. 이 서비스의 대가 역시 회사의 매출액 증가에 비례하게 산정함으로써 비용 수준에 대비했을 때, 최고의 서비스 품질을 확보하고 있다.

25가지 비즈니스 이노베이션의 법칙
최적 활용법

성장 기회를 발견하는 방법

부록

🔍 기회 발견을 위한 세 가지 도구

새로운 사업 기회를 발견하기 위한 과정은 미지의 세계를 탐험하는 여행과 같다. 강을 건너고 숲을 통과하듯이, 그동안 가지 않았던 길을 거쳐 목표 지점에 도달해야 한다.

그런데 탐험을 떠날 때 꼭 지녀야 하는 세 가지가 있다. 지도와 나침반, 그리고 지도가 표시하고 있는 내용을 해독하는 독도법이다. 그렇다면 새로운 사업 기회를 발굴할 때도 꼭 필요한 것이 있지 않을까? 비유를 하자면 다음과 같다.

- 지　도 : 사업의 지형을 파악할 수 있도록 하는 비즈니스 맵
- 나침반 : 기회의 방향을 설정할 수 있도록 하는 질문
- 독도법 : 사업의 지형과 방향을 통해 길을 찾아내는 법칙

이제 이 세 가지 준비물에 대해 좀 더 자세히 살펴보기로 하자.

1. 사업의 지형 파악하기

《손자병법》의 '지형편地形篇'은 지형으로 인한 이해득실과 장수의 책임을 상세하게 논하고 있는데, 전쟁에서 승리하기 위한 첫걸음은 정확한 지형을 파악하는 것이라고 말한다. 나는 수십 년간 기업 컨설팅을 해오면서, 이 원리를 비즈니스에 적용하면 필요한 답을 매우 효과적으로 찾을 수 있다는 사실을 알게 됐다.

예를 들어 전쟁할 때 사용되는 지도에 산과 강, 도로와 건물 등의 지형지물이 상세히 표시되어 있는 것처럼, 사업을 구성하는 핵심 요소인 고객과 고객 니즈, 제품과 판매채널 등이 체계적으로 표시되어 있는 지도, 즉 비즈니스 맵을 활용하면 사업의 지형을 효과적으로 파악할 수 있다. 이때, 사업을 구성하는 핵심 요소가 비즈니스 맵에 빠짐없이 포함돼야 한다는 것이 중요하다.

아래의 도표는 비즈니스 맵의 표준화된 구성을 보여주고 있는데, 최근 사용되고 있는 비즈니스 모델 캔버스Business Model Canvas나 가치사슬Value Chain의 문제점을 다음과 같이 보완하고 있다.

우선 비즈니스 맵에는 가치사슬에는 빠져있는 고객과 고객 니즈, 그리고 이 두 가지에 영향을 미치는 트렌드가 포함돼 있다. 그리고 비즈니스 모델 캔버스에는 모호하게 표시된 가치제언을 고객 니즈와 제품·서비스로 명확히 구분함으로써 수요와 공급이라고 하는 비즈니스의 핵심을 분명히 하고 있다. 또한 디자인, 스토리와 같이 이노베이션의 수단으로 사용될 수 있는 다양한 요소들이 추가돼 있다.

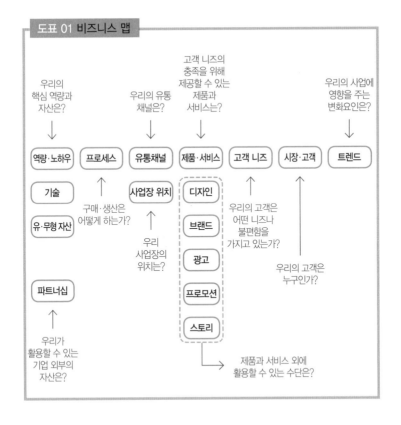

도표 01 비즈니스 맵

2. 질문을 통해 기회 탐색 방향 설정하기

비즈니스 맵을 통해 사업 기회를 탐색하기 위해서는 나침반을 보고 동서남북을 파악하는 것 같이 의미 있는 방향성을 가진 질문을 해야 한다. 질문이야말로 새로운 아이디어를 찾을 수 있는 가장 강력한 방법이다. 예를 들어 '우리가 아직까지 보지 못한 시장은 없는가?', '우리가 과거에 보긴 했지만 간과한 시장은 없는가?'와 같은 질문을 하게 되면 답을 찾아가는 과정에서 새로운 기회를 자연스럽게 발견할 수 있게 된다.

다음과 같이 생각해 볼 수도 있다. 평서문, 의문문, 감탄문, 명령문, 청유문이라는 다섯 가지 문장의 종류 중에서 새로운 생각을 불러일으키는 것은 의문문, 즉 질문이다. 화려한 수사를 사용한 평서문이나 풍부한 감정 표현을 담고 있는 감탄문이 새로운 아이디어가 떠오르게 돕지는 않는다. 새로운 아이디어를 얻기 위한 가장 좋은 출발점은 '질문하는 것'이다.

사업 기회의 발굴을 위한 질문은 가능한 모든 기회가 빠짐없이 파악될 수 있도록 구성하는 과정이 중요하다. 이를 위해서는 다음의 두 가지 원칙을 적용할 필요가 있다.

첫 번째 원칙은 널리 알려진 MECE_{Mutually Exclusive and Collectively Exhaustive}
의 원리에 따라 질문 트리를 만드는 것이다. '중복과 누락이 없게
한다'는 MECE의 원리는 매우 단순하지만, 새로운 시장 기회를 체
계적으로 발굴할 수 있도록 도와준다. 우리는 때때로 "아차, 나는
왜 그걸 생각 못했지? 바로 눈앞에 답이 있었는데!"라고 후회하는
경험을 하는데, MECE의 원리는 이런 안타까운 순간을 막아주는
가장 효과적인 방법이다.

이 MECE 원리의 로직 트리는 가장 포괄적인 질문에서부터 시
작된다. 그 다음 질문을 MECE한 하위 질문으로, 도출된 각 하위
질문은 다시 그 다음 단계의 하위 질문으로 전개하면 된다.

두 번째 원칙은 기회 발견을 위한 질문들이 중복과 누락 없이
제기될 수 있도록, 질문의 대상인 사업 영역들을 그 특성에 따라
적절히 구분하는 것이다. 비즈니스 맵을 아래와 같이 구분한 다
음, 각각의 영역에 MECE의 원칙이 충족될 수 있도록 질문을 구
성하면 된다.

① 시 장 · 고 객 : 기존 고객 이외에 다른 고객은 없는가?

② 고 객   니 즈 : 새로운 또는 감춰진 고객 니즈는 무엇인가?

③ 제품 · 서비스 : 새로운 또는 보완된 제품 · 서비스가 필요한가?

④ 트   렌   드 : 우리 사업에 영향을 줄 수 있는 사회적, 경제적, 기술
적 변동 요인은 무엇인가?

⑤ 역량과 자산 : 우리의 역량과 자산을 전략 수단으로 활용할 수 있는
또 다른 방안은 무엇인가?

도표 02 MECE 방식의 로직 트리

기존 고객 이외에 다른 고객은 없는가?	새로운 또는 감춰진 고객 니즈는 무엇인가?	고객 니즈의 충족을 위해 제공할 수 있는 것은 무엇인가?	우리 사업에 영향을 주는 변동 요인은 무엇인가?	기업 내·외부의 자원을 활용할 수 있는 또 다른 방안은 무엇인가?		
시장·고객	고객 니즈	제품·서비스	트렌드	역량과 자산		
시장·고객	고객 니즈	제품·서비스	트렌드	역량·노하우	프로세스	유통채널
		디자인		기술		사업장 위치
		브랜드		유·무형자산		
		광고				
		프로모션		파트너십		
		스토리				

3. 이노베이션의 법칙을 활용해 새로운 기회 찾아내기

바른 질문을 제기한다고 해서 그에 대한 답이 저절로 얻어지는 것은 아니다. 지도와 나침반이 있더라도 독도법을 모르면 목표 지점까지 찾아갈 수 없듯이, 비즈니스 맵을 사용해서 새로운 사업 기회를 탐색하기 위해서는 제기된 질문의 답을 찾을 수 있는 기본적 법칙이 필요하다. 이 책의 본문에서 그 방법을 25가지로 정리해 설명했다.

지금부터는 비즈니스 맵을 5개 영역으로 나눠 어떤 질문들을 제기해야 하는지 살펴보자. 또 그 질문들에 대한 답을 찾는 데 25개의 법칙들을 어떻게 활용할 수 있는지 알아보자.

1) 새로운 시장·고객의 발굴

기존과는 다른 새로운 시장·고객을 발견하는 일은 잠재적 가치가 가장 큰 사업 기회이다. 하지만 그런 대상을 발견하는 것 자체가 매우 어렵다는 사실이 문제인데, 잘못된 판단이나 고정관념에 사로잡혀 있는 경우가 많기 때문이다. 이런 생각을 깨려면 각각의 요소에 적확한 질문을 하는 과정이 중요하다.

아래의 도표는 이러한 질문을 로직트리 형태로 정리한 것이다.

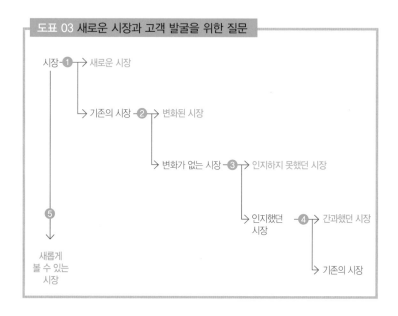

도표 03 새로운 시장과 고객 발굴을 위한 질문

① 기존에 있던 시장 외에 새롭게 생겨난 시장이 있는가?

② 기존에 있던 시장 중에서 그 특성이 변화한 시장이 있는가?

③ 기존에 있던 시장이고 변화도 없지만 보지 못하고 있던 시장, 즉 인지하지 못했던 시장이 있는가?

④ 기존에 있던 시장이고 또 그 존재를 알고 있었지만 간과하고 있던 시장이 있는가?

⑤ 기존과는 전혀 다른 관점으로 세분화해 봤을 때 새롭게 발견할 수 있는 시장이 있는가?

위의 질문들에 대한 답을 얻는 데 활용할 수 있는 법칙을 해당 질문과 대응시켜 정리해 보면 다음과 같다.

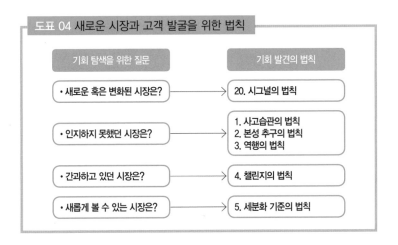

도표 04 새로운 시장과 고객 발굴을 위한 법칙

기회 탐색을 위한 질문 → 기회 발견의 법칙

- 새로운 혹은 변화된 시장은? → 20. 시그널의 법칙
- 인지하지 못했던 시장은? → 1. 사고습관의 법칙 / 2. 본성 추구의 법칙 / 3. 역행의 법칙
- 간과하고 있던 시장은? → 4. 챌린지의 법칙
- 새롭게 볼 수 있는 시장은? → 5. 세분화 기준의 법칙

2) 새로운 고객 니즈의 발굴

새로운 시장·고객의 발견 못지않게 중요한 사업 기회는 새로운 고객 니즈를 발견할 때 생겨난다. 고객 니즈는 사업의 성공을 위한 가장 핵심적인 요소이기 때문이다. 결국 모든 사업의 본질은 제품과 서비스를 통해 고객 니즈를 충족시키는 것이다. 그렇다면 새로운 고객 니즈의 발견을 위해서는 어떤 질문을 어떻게 해야 할까?

아래의 도표는 이러한 질문을 로직트리 형태로 정리한 것이다.

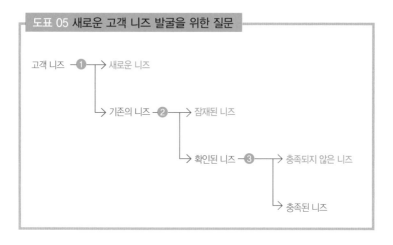

도표 05 새로운 고객 니즈 발굴을 위한 질문

고객 니즈 —①→ 새로운 니즈

↳ 기존의 니즈 —②→ 잠재된 니즈

↳ 확인된 니즈 —③→ 충족되지 않은 니즈

↳ 충족된 니즈

① 기존에 존재하던 니즈 외에 새롭게 생겨난 니즈가 있는가?

② 기존에 존재하던 니즈이지만 그 존재를 파악하지 못하고 있던 니즈가 있는가?

③ 기존에 존재하고 있었고, 또 그 존재가 파악된 니즈 중에서 적절히 충족되지 못한 니즈가 있는가?

마찬가지 방법으로, 25가지 법칙 중 위의 질문에 적용할 수 있는 법칙들을 대응시켜 정리해 보면 다음과 같다.

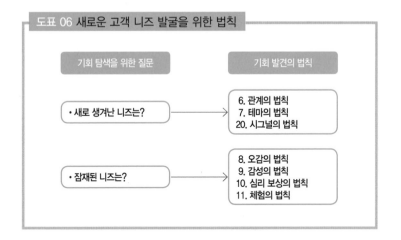

도표 06 새로운 고객 니즈 발굴을 위한 법칙

기회 탐색을 위한 질문	기회 발견의 법칙
• 새로 생겨난 니즈는?	6. 관계의 법칙 7. 테마의 법칙 20. 시그널의 법칙
• 잠재된 니즈는?	8. 오감의 법칙 9. 감성의 법칙 10. 심리 보상의 법칙 11. 체험의 법칙

3) 새로운 제품·서비스의 발굴

세상에는 이루 말할 수 없이 많은 종류의 제품과 서비스가 이미 개발돼 있다. 게다가 기존의 것과는 다른, 새로운 제품과 서비스도 하루가 멀다 하고 계속해서 소개되고 있다. 바꿔 말하면, 여전히 새로운 제품과 서비스를 개발할 수 있는 가능성이 무한대로 있다는 뜻이다. 그렇다면 새로운 제품과 서비스에 대한 아이디어를 효과적으로 얻기 위해서는 어떤 질문을 해야 할까?

다음의 도표는 이러한 질문을 로직트리 형태로 정리한 것이다.

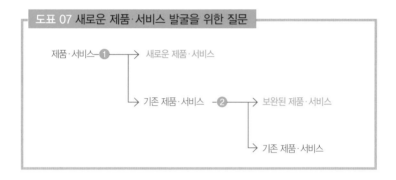

도표 07 새로운 제품·서비스 발굴을 위한 질문

제품·서비스 ─①→ 새로운 제품·서비스

기존 제품·서비스 ─②→ 보완된 제품·서비스

기존 제품·서비스

① 기존에 존재하던 것 이외의 새로운 제품이나 서비스가 개발됨으로써 충족될 수 있는 시장이나 고객 또는 고객 니즈가 존재하는가?

② 기존에 존재하던 제품이나 서비스를 보완함으로써 충족될 수 있는 시장이나 고객 또는 고객 니즈가 존재하는가?

그리고 이 질문들에 적용할 수 있는 법칙들을 대응시켜 보면 다음과 같다.

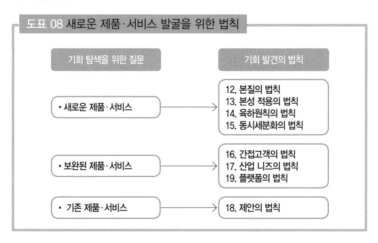

도표 08 새로운 제품·서비스 발굴을 위한 법칙

기회 탐색을 위한 질문	기회 발견의 법칙
• 새로운 제품·서비스	12. 본질의 법칙 13. 본성 적용의 법칙 14. 육하원칙의 법칙 15. 동시세분화의 법칙
• 보완된 제품·서비스	16. 간접고객의 법칙 17. 산업 니즈의 법칙 19. 플랫폼의 법칙
• 기존 제품·서비스	18. 제안의 법칙

4) 트렌드 분석을 통한 새로운 사업 기회의 발굴

트렌드와 관련된 가장 우선적인 질문은 '우리 사업에 영향을 줄수 있는 어떤 변화가 일어나고 있는가?'이다. 즉 기존의 사업 환경에서 변한 것이 있는가 또는 새롭게 대두된 것이 있는가를 확인해 봐야 한다. 이때 STEEP 분석이 유용하게 쓰인다. STEEP 분석은 다음과 같은 다섯 가지 측면에서 사업에 영향을 미치는 변화 요인이 있는지 찾아보는 것이다.

- **사회·문화**Social
- **기술**Technological
- **자연 환경**Ecological
- **경제**Economic
- **정치**Political·Legal

트렌드 분석이 사업적 의미를 갖기 위해서는 위의 요인들이 가져다 줄 변화를 새로운 사업의 기회로 연결해야 하는데, 그러자면 트렌드 분석의 결과를 토대로 다음과 같은 질문을 해야 한다.

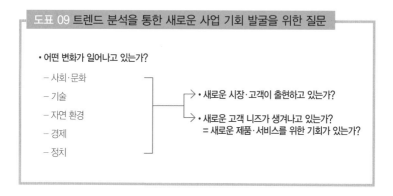

도표 09 트렌드 분석을 통한 새로운 사업 기회 발굴을 위한 질문

• 어떤 변화가 일어나고 있는가?
 - 사회·문화
 - 기술
 - 자연 환경
 - 경제
 - 정치

→ • 새로운 시장·고객이 출현하고 있는가?
→ • 새로운 고객 니즈가 생겨나고 있는가?
   = 새로운 제품·서비스를 위한 기회가 있는가?

① 새로운 시장·고객이 출현하고 있는가?

② 새로운 고객 니즈가 생겨나고 있는가? 혹은 새로운 제품·서비스를
위한 기회가 있는가?

이제 이 질문을 법칙들과 대응시켜 정리해 보자.

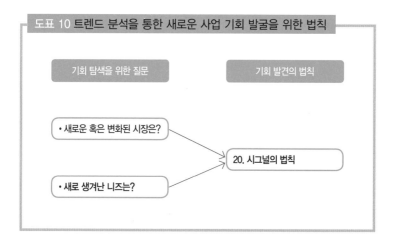

도표 10 트렌드 분석을 통한 새로운 사업 기회 발굴을 위한 법칙

기회 탐색을 위한 질문

기회 발견의 법칙

• 새로운 혹은 변화된 시장은?

• 새로 생겨난 니즈는?

20. 시그널의 법칙

5) 새로운 전략 수단의 발굴

새로운 전략 수단에 대한 질문은 우선 회사가 현재 보유하고 있는 역량과 자산의 확인부터 시작해야 한다. 다음의 체크리스트를 사용하면 이에 관한 정리를 보다 효율적으로 할 수 있다.

도표 11 회사의 역량 및 유·무형 자산 리스트

고객 접점	콜 센터, 서비스 요원, 영업 사원과 같이 고객을 대면할 수 있는 기회나 조직
고객 정보	고객의 인적 사항, 구매 이력 및 기타의 행동 패턴에 관한 정보
여유 설비	제품이나 서비스의 생산을 위해 꼭 필요한 규모 이상의 여유 설비
콘텐츠	고객이 유용하거나 재미있게 활용하고 즐길 수 있는 콘텐츠
기술·지식	제품이나 서비스를 만드는 기술과 노하우, 고객에 관한 통찰 등
브랜드	회사나 회사 제품에 대해 고객이 가지고 있는 신뢰, 도전, 기발함 등의 이미지

한편, 사업에 활용할 수 있는 역량과 자산을 반드시 기업 내부에서 구해야 하는 것은 아니다. 기업의 외부에서도 파트너십이나 아웃소싱의 형태를 통해 얼마든지 확보할 수 있다.

다음 단계는 이러한 역량과 자산의 새로운 활용 방안을 생각해

낼 수 있는 질문이다.

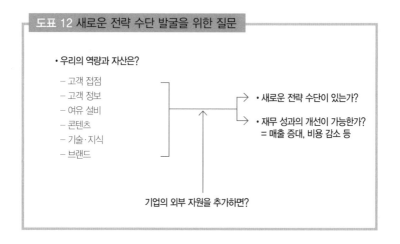

도표 12 새로운 전략 수단 발굴을 위한 질문

• 우리의 역량과 자산은?

 – 고객 접점
 – 고객 정보
 – 여유 설비
 – 콘텐츠
 – 기술·지식
 – 브랜드

→ • 새로운 전략 수단이 있는가?

→ • 재무 성과의 개선이 가능한가?
= 매출 증대, 비용 감소 등

기업의 외부 자원을 추가하면?

① 새로운 경쟁 수단의 확보를 위해 활용할 수 있는 방안이 있는가?

② 재무성과, 즉 매출과 이익의 개선을 위해 활용할 수 있는 방안이 있
는가?

마지막으로, 각 질문에 적용할 수 있는 법칙들을 대응시키면 다음과 같다.

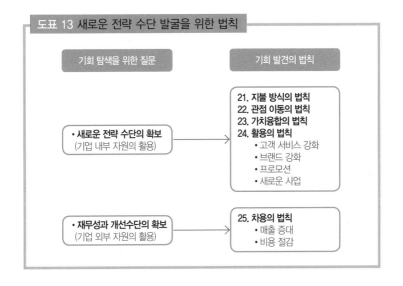

도표 13 새로운 전략 수단 발굴을 위한 법칙

기회 탐색을 위한 질문

기회 발견의 법칙

• 새로운 전략 수단의 확보
(기업 내부 자원의 활용)

21. 지불 방식의 법칙
22. 관점 이동의 법칙
23. 가치융합의 법칙
24. 활용의 법칙
  • 고객 서비스 강화
  • 브랜드 강화
  • 프로모션
  • 새로운 사업

• 재무성과 개선수단의 확보
(기업 외부 자원의 활용)

25. 차용의 법칙
  • 매출 증대
  • 비용 절감

팔리는 상품 끌리는 브랜드

초판 1쇄 2015년 7월 1일
2쇄 2015년 8월 24일

지은이 김동헌
펴낸이 전호림 **편집총괄** 고원상 **담당PD** 이정은 **펴낸곳** 매경출판㈜
등 록 2003년 4월 24일(No. 2 - 3759)
주 소 우)100 - 728 서울특별시 중구 퇴계로 190 (필동 1가) 매경미디어센터 9층
홈페이지 www.mkbook.co.kr
전 화 02)2000 - 2610(기획편집) 02)2000 - 2636(마케팅) 02)2000 - 2606(구입 문의)
팩 스 02)2000 - 2609 **이메일** publish@mk.co.kr
인쇄 · 제본 ㈜M - print 031)8071 - 0961

ISBN 979-11-5542-310-3(03320)
값 14,000원